Alfred Suhl   Der Brief an Philemon

Zürcher Bibelkommentare

herausgegeben von
Georg Fohrer, Hans Heinrich Schmid und Siegfried Schulz

Alfred Suhl

Der Brief an Philemon

TVZ   **Theologischer Verlag Zürich**

Für Ursula

CIP-Kurztitelaufnahme der Deutschen Bibliothek
Suhl, Alfred:
Der Brief an Philemon
ISBN 3-290-14728-2

Typographische Anordnung von Max Caflisch
Printed in Germany by Buch- und Offsetdruckerei Sommer, Feuchtwangen

Inhaltsverzeichnis

Vorwort

Der Philemonbrief ist der kürzeste aller überlieferten Paulusbriefe. Er läßt wegen seiner Überschaubarkeit besonders gut die Form erkennen, nach der auch die übrigen («großen») Briefe des Apostels aufgebaut sind. Ferner bietet der Philemonbrief wegen seiner Kürze die beste Gelegenheit, die methodischen Schritte vorzuführen und zu erproben, durch die man sich den Inhalt eines solchen Briefes erschließt. Bei den anderen Paulusbriefen verliert insbesondere der Nicht-Fachmann wegen mancher Schwierigkeit im Detail oft die große Linie aus den Augen, in der die Einzelfragen, so interessant und bedeutend sie auch sein mögen, doch nur eine untergeordnete Rolle spielen. Vom Philemonbrief dagegen kann sich jeder aufmerksame Leser zunächst ein eigenes Urteil verschaffen, um dann in der Auseinandersetzung mit der Sekundärliteratur seine eigene Meinung entweder bestätigen oder begründet korrigieren zu lassen.
Freilich ist bei diesem Vorgehen ein wiederholtes Lesen des Philemonbriefes unerläßlich. Der Gewinn wird um so größer sein, je profilierter die eigene Meinung des Lesers aufgrund seiner Lektüre des Briefes ist. Empfehlenswert ist es, möglichst verschiedene Übersetzungen heranzuziehen und die eigenen Gedanken zum Text jeweils schriftlich auszuformulieren. Es besteht sonst die Gefahr, daß der eigene Gedanke nicht klar genug von der späteren Information abgegrenzt bleibt und so der Erkenntnisfortschritt – sei es in Zustimmung, sei es in Widerspruch – verwischt wird. Eben darauf kommt es aber an, die Fragestellungen, die dieser Kommentar nahelegen will, präzise zu erfassen und in ihrer Bedeutung für das Verständnis des Textes zu würdigen. Eine Übertragung des Gelernten auf andere Schriften ist nur möglich, wenn der Sinn und die Notwendigkeit der einzelnen Arbeitsschritte erkannt werden.
Der Erkenntnisfortschritt bei der Arbeit mit diesem Kommentar wird im wesentlichen darin bestehen, daß das beim ersten Lesen von jedem Leser ansatzweise Erkannte zu größerer Klarheit erhoben und methodisch kontrolliert für das Verständnis des Briefes fruchtbar gemacht wird. Es dürfte darum nützlich sein, vor jedem neuen Abschnitt erst selbst nach einer Antwort auf die aufgeworfenen Fragen zu suchen und dann erst weiterzulesen. Es muß nicht falsch sein, wenn der Brief dabei so oft gelesen wird, daß man ihn am Ende auswendig hersagen kann. Vor allem ist es eine wesentliche Hilfe, den Brief durch lautes Lesen mit sinngemäßer Betonung lebendig werden zu lassen. Dabei wird jeder Leser erleben, daß sein Verständnis des Briefes im Laufe der Arbeit am Text mehrere deutlich unterscheidbare Stufen durchläuft. Der Philemonbrief wirkt nämlich nur auf den ersten Blick unscheinbar und eindeutig. Tatsächlich ist er ein literarisches Meisterwerk, das sich in seiner wahren Tiefe freilich nur durch intensive Bemühung erschließt. Er gewährt einen Einblick in die Art des Paulus, mit Menschen umzugehen, und zeigt, wie wesentlich es dem Apostel darauf ankommt, daß der Glaube sich im leibhaften Gehorsam bewährt. Es lohnt sich, den Philemonbrief zu erarbeiten – nicht nur wegen der methodischen Fähigkeiten, die man dabei erwerben kann, sondern mehr noch wegen der Sachaussage, die auch heute noch unmittelbare Lebenshilfe sein kann.

Einleitung

1. Gliederung

Ausgangspunkt aller weiteren Überlegungen ist die Kenntnis des Textes. Dieser wird sich erst im Verlauf der Arbeit schrittweise erschließen. Aber schon beim ersten Lesen sollte man auf die Struktur achten, die der Brief selber andeutet. Die erste Frage lautet also: Wie sieht die Grobgliederung des Schreibens aus?

Es lassen sich zunächst vier Abschnitte unterscheiden, die im übrigen für alle Paulusbriefe wie auch für andere antike Briefe kennzeichnend sind: 1. der Briefeingang V. 1–3, 2. die Danksagung V. 4–7, 3. der Hauptteil V. 8–20, 4. der Briefschluß V. 21–25.

Der *Briefeingang* (Präskript) V. 1–3 ist eine Art Vorspann, vergleichbar der Absender- und Adressaten-Angabe im Briefkopf eines modernen (Geschäfts-) Briefes, freilich unter Einbeziehung des Eingangsgrußes. Er gehört also zum Brief selbst und ist nicht mit den Angaben auf dem heutigen Briefumschlag zu verwechseln.

In der Überschrift (Superskriptio) V. 1 a, b stellt sich zunächst der Absender (hier zusammen mit seinem Mitabsender Timotheus) vor. Der antike Brief wurde nicht durch eine offizielle Post befördert, sondern durch Boten zugestellt oder von Reisenden mitgenommen. Er enthielt darum auf seiner Außenseite lediglich eine kurze Adressaten- und Absender-Angabe. Die eigentliche offizielle Absender-Angabe erfolgte dem Briefformular zufolge erst am Anfang des Schreibens selbst. Und hier war sie auch im antiken Privatbrief notwendig, weil der Verfasser oft den Brief nicht selbst schrieb, sondern sich eines Schreibers bediente. Der Absender war also nicht schon durch seine individuelle Handschrift kenntlich.

Auch der Apostel Paulus schrieb seine Briefe nicht selbst. Das ergibt sich einmal aus Röm. 16, wo am Ende einer langen Grußliste an namentlich genannte Bekannte und Freunde des Paulus (Röm. 16,3ff.) in V. 16b und 21–23 neben Paulus auch noch Mitgrüßende genannt werden; und in diesem Zusammenhang heißt es V. 22 ganz unvermittelt: «Ich, Tertius, der ich den Brief geschrieben habe, grüße euch im Herrn.» Hier meldet sich also der Schreiber ganz ausdrücklich zu Wort, und das wirft zumindest die Frage auf, wie weit er wohl auch im übrigen selbständig in die Gestaltung des Schreibens eingegriffen haben mag. – Neben diesem deutlichen Hinweis gibt es zum anderen in den Paulusbriefen noch einige Eigenhändigkeitsvermerke, mit denen ausdrücklich darauf verwiesen wird, daß jetzt der Verfasser selbst schreibt. Das ist vornehmlich beim Schlußgruß der Fall: 1. Kor. 16,21 («Der Gruß mit meiner, des Paulus, Hand.») weist darauf hin, daß bis dahin ein anderer die Feder geführt hat und jetzt Paulus selbst mit dem eigenhändigen Segenswunsch den Brief wie mit seiner Unterschrift beglaubigt. Gal. 6,11 («Sehet, mit wie großen Buchstaben ich euch mit meiner (eigenen) Hand schreibe!») hebt die Besonderheit der eigenen Handschrift des Paulus hervor und leitet hier einen dem Apostel offenbar besonders wichtig erscheinenden Nachtrag ein, ehe der Brief Gal. 6,18 mit dem üblichen

Schlußgruß endet. Auch Kol. 4,18 und 2. Thess. 3,17 findet sich dieselbe Hervorhebung des eigenhändigen Schlußgrußes. Nun werden diese beiden Briefe allerdings für deuteropaulinisch gehalten, also für Schreiben, die nicht vom Apostel selbst stammen, sondern nur unter seinem Namen herausgegeben wurden. Gerade so aber bezeugen sie durch die ausdrückliche Nachahmung nur um so überzeugender, daß Paulus seine Briefe diktierte und lediglich durch den eigenhändigen Segenswunsch am Schluß beglaubigte (2. Thess. 3,17f.: «Der Gruß mit meiner, des Paulus, Hand. Das ist ein Zeichen in jedem Brief; so schreibe ich. Die Gnade unseres Herrn Jesus Christus sei mit euch allen!»).

Der Eigenhändigkeitsvermerk kommt freilich nicht in jedem Brief vor. Das bedeutet jedoch nicht, daß Paulus die Briefe, in denen dieser ausdrückliche Hinweis fehlt, selbst schrieb. Der Eigenhändigkeitsvermerk konnte vielmehr offenbar fehlen, wo entweder die Handschrift des Paulus durch frühere Briefe bekannt war, oder die Echtheit des Schreibens durch für den Empfänger vertrauenswürdige Boten verbürgt wurde (vgl. Suhl, S. 212f.). Er fehlt auch im Philemonbrief. Aber auch dieser Brief scheint diktiert worden zu sein, weil Paulus Phlm. 19 ausdrücklich die Eigenhändigkeit bei der Schuldverschreibung vermerkt: «Ich, Paulus, schreibe es mit eigener Hand: Ich will es bezahlen ...» Die ausdrückliche Eigenhändigkeit dieser Bemerkung verleiht ihr das Gewicht eines modernen Blankoschecks.

Auf die Überschrift (Superskriptio) folgt die Zuschrift (Adskriptio) bzw. Adresse V. 1c.2, in welcher der oder die Adressaten genannt und durch die unterschiedlichsten Zusätze näher bestimmt werden. Ebenso wie Paulus die Bezeichnungen in den Absenderangaben seiner Briefe durchaus zu nuancieren weiß (es lohnt sich, einmal alle Präskripte zum Vergleich nebeneinander zu schreiben!), variiert er auch sehr erfindungsreich die Prädikate für die Adressaten der verschiedenen Briefe. Es handelt sich also keineswegs um bloße Formalia, die man einfach als belanglos abtun dürfte; vielmehr sind auch diese Formalia in ihrer konkreten Ausgestaltung für das Verständnis des jeweiligen Briefes wichtig, da sie erste Hinweise auf die Beziehung zwischen Absender und Empfänger geben. Den Schluß des Briefeinganges bildet der Gruß (Salutatio) V. 3. Er besteht bei Paulus stets aus einem selbständigen Satz. Der Apostel folgt damit dem orientalischen Briefformular seiner Zeit, das Absender- und Empfängerangabe in der 3. Person und ohne Prädikat formulierte, worauf in der 2. Person als direkte Anrede in einem selbständigen Satz der Gruß folgte («A an B: freue dich bzw. Friede/Heil dir!»). Daneben gab es zur Zeit des Paulus auch das griechische Formular, das nur einen einteiligen Satz in der 3. Person kannte und z. B. in den Briefen Apg. 15,23 («Die Apostel und die Ältesten, (eure) Brüder, wünschen den Brüdern in Antiochia und Syrien und Cilicien, die aus den Heiden stammen, Heil.») und Apg. 23,26 («Claudias Lysias wünscht dem hochangesehenen Statthalter Felix Heil.») realisiert ist (vgl. auch Jak. 1,1).

Bei Paulus lautet die Salutatio in ihrer Grundform: «Gnade sei (mit) euch und Friede.» So findet sie sich 1. Thess. 1,1 im ältesten Paulusbrief. In allen übrigen Paulusbriefen ist sie erweitert durch den Zusatz «... von Gott, unserem Vater, und dem Herrn Jesus Christus.» Mit dem Doppelwunsch «Gnade und Friede» greift Paulus einmal den weit verbreiteten Friedensgruß auf. Der Gnadenwunsch dagegen scheint eine paulinische Prägung zu sein. Der griechische Begriff für Gnade (charis) klingt an das Verb (chairein) an, mit dem im griechischen Formular ganz profan «Heil» gewünscht wird. Für Paulus jedoch ist das Wort religiös gefüllt, und wenn er diesen für seine Theologie besonders wichtigen Gnadenbegriff schon im Eingangsgruß bringt, zeigt er damit den Gesamtzusammenhang auf, in dem die Ausführungen aller seiner Briefe zu lesen sind.

Auf den Briefeingang folgt Phlm. 4–7 wie in allen echten Paulusbriefen ein Vorspann (Proömium) in Form einer *Danksagung*. Lediglich der Galaterbrief macht hier eine Ausnahme, da Paulus Gal. 1,6 sofort mit dem Ausdruck seiner Verwunderung über den raschen Abfall jener Gemeinden vom paulinischen Evangelium beginnt. Das Fehlen der Danksagung hat hier also sachliche Gründe. In den übrigen Briefen aber dankt Paulus stets für den Glaubensstand der Adressaten bzw. er preist Gott (2. Kor. 1,3ff.) für das ihm widerfahrene Geschick, wobei jedoch ebenfalls der Glaubensstand der Adressaten thematisiert wird. Paulus greift mit diesem Abschnitt wiederum auf Elemente der Briefkonvention seiner Zeit zurück, die ebenfalls oft in formelhaften Wendungen dem Wunsch nach dem Wohlergehen des Empfängers Ausdruck gibt; die Stilisierung als Dankgebet dürfte jedoch erst von Paulus geschaffen worden sein.

Aufschlußreich ist, wie unterschiedlich und fein nuanciert die Danksagung in den einzelnen Briefen formuliert ist. Sie gibt insbesondere durch ihre Begründungen jeweils deutlichen Aufschluß über die Einschätzung der Empfänger und die besonderen Probleme in den Beziehungen zwischen ihnen und Paulus. Vor allem handelt es sich in diesem Abschnitt des paulinischen Briefes gar nicht immer nur um Dankgebete, vielmehr geht die Danksagung oft wie Phlm. 6 in eine direkte Bitte um Mehrung und Stärkung des Glaubens der Adressaten über, wobei die konkreten Inhalte der Bitte in enger Beziehung zum anschließenden Hauptteil des Briefes stehen.

Ein besonderes Problem stellt Phlm. 7 dar. Hier dankt Paulus nicht, er bittet aber auch nicht mehr, vielmehr blickt er zurück auf die Freude und den Trost, die er durch eine gute Tat des Philemon, die dieser anderen angetan hat, erfahren hat. Da dieser Rückblick mit einem begründenden «denn» an die Fürbitte angeschlossen ist, gehört er formal noch zur Danksagung und darf nicht zum Hauptteil gezählt werden. Es wird jedoch sorgfältig zu prüfen sein, welche argumentative Bedeutung dieser formal überschießende Satz hat.

Mit V. 8 beginnt locker anschließend der eigentliche *Hauptteil* (Korpus) des Briefes. Die genaue Gliederung ist erst nach sorgfältiger inhaltlicher Analyse möglich. Deutlich ist jedoch schon auf den ersten Blick, daß es sich um eine Bitte handelt, die vorsichtig eingeleitet wird. Etwas schwieriger ist schon zu erkennen, wo die Bitte endlich ausgesprochen wird. Gründlicher Untersuchung bedarf die Frage, welchen argumentativen Wert die einzelnen Gedankenschritte für die Bitte haben. Man kann sogar zweifeln, ob es in diesem Brief überhaupt einen gedanklichen Fortschritt gibt und nicht vielmehr nur die freundliche und vorsichtige Verpackung eines vielleicht etwas delikaten Anliegens.

Auffallend ist ferner schon beim ersten Lesen, daß im Hauptteil ebenso wie in der Danksagung nur ein einzelner angeredet ist, während doch in der Adresse V. 2 mit Philemon, Apphia, Archippus und der Hausgemeinde eine Mehrzahl von Empfängern genannt war. Auch hier bleibt zu prüfen, ob das als Belanglosigkeit abgetan werden darf oder vielleicht doch in sachlichem Bezug zum Inhalt der Bitte steht.

Mit Phlm. 21 beginnt der *Briefschluß* (Eschatokoll). Er gehört zum festen Bestandteil aller Paulusbriefe und enthält Nachrichten über die persönlichen Umstände des Absenders, gegebenenfalls Reisepläne des Apostels selbst oder seiner Mitarbeiter und vor allem Grüße, ehe er mit dem die Echtheit besiegelnden eigenhändigen (s. o. S. 9) Segenswunsch den Brief beschließt. Vermutlich folgten auch bei den Paulusbriefen wie in vielen anderen Briefen der damaligen Zeit ursprünglich noch Angaben über Ort, Monat und Tag (seltener auch das Jahr) der Abfassung, die aber bei der späteren Sammlung der paulinischen Briefe weggelassen wurden.

Auffallend ist, daß Phlm. 23f. wiederum eine Mehrzahl von Grüßenden genannt wird. Der Hauptteil, der sich ebenso wie die Danksagung nur an einen einzelnen wendet, ist also durch Briefeingang und Briefschluß gerahmt von Abschnitten, in denen eine Öffentlichkeit für das eigentliche Anliegen des Briefes hergestellt ist. Dies gilt es bei der Interpretation zu beachten.

2. Die Situation

Der Philemonbrief ist keine zeitlose Abhandlung, sondern ein Brief, eine zielgerichtete Aussage in eine ganz bestimmte Situation hinein, in der er wirken wollte. Diese gilt es zunächst zu rekonstruieren. Der Sinn der Aussagen eines Briefes wird nicht nur vom Wortlaut selbst, sondern ganz wesentlich auch von der Situation mitbestimmt, in der sie gemacht werden. Diese ergibt sich aus der Vorgeschichte des Briefes. Sie liefert einmal auf Seiten des Verfassers den Anlaß für das Schreiben. Davon zu unterscheiden ist die Situation des Empfängers. Ihm will der Brief über die räumliche und zeitliche Distanz hinweg etwas sagen. Für das «Gefälle» der Aussage ist dabei auch die Beziehung zwischen dem Absender und dem Empfänger wichtig. Es ist durchaus von Belang, ob die einzelnen Sätze aus autoritärer Distanz oder freundschaftlicher Nähe gesprochen sind. Darum ist die Frage nach der Beziehung der Briefpartner alles andere als nebensächlich. Für viele Bibelleser steht es angesichts der überragenden Bedeutung des Apostels der Heiden außer Frage, daß Paulus ein Mann von Autorität war, dem unbedingter Gehorsam gebührte. Hiervon ist jedoch die Situation des historischen Paulus zu unterscheiden, der nur zu oft um Anerkennung ringen mußte.

Als Quelle für eine Antwort auf alle aufgeworfenen Fragen kommt zunächst nur der Philemonbrief selbst in Frage. Seine Andeutungen sind zu sammeln und methodisch kontrolliert auszuwerten. Nur gelegentlich kann der Vergleich mit anderen Briefen helfen, den Sprachgebrauch zu klären und den Sinn einzelner Aussagen zu präzisieren. Da der Brief selbst nichts über den Ort der Abfassung und den Wohnsitz des Empfängers verlauten läßt, ist man bei diesen wichtigen Fragen leider völlig auf Andeutungen in anderen Briefen angewiesen.

Gefragt werden soll im folgenden nach den Aussagen des Briefes über 1. den Absender, 2. den Empfänger und seine Beziehung zu Paulus, 3. den konkreten Anlaß des Schreibens.

Als *Absender* stellt sich in der Überschrift Paulus, ein Gefangener Christi Jesu, zusammen mit dem Bruder (= Mitchristen) Timotheus vor.

Der Inhalt des Schreibens erlaubt keinen Zweifel daran, daß mit dem Namen Paulus der Apostel nicht nur gemeint ist, sondern daß er den Brief auch tatsächlich selbst verfaßt hat. Es handelt sich beim Philemonbrief also nicht um einen sogenannten deuteropaulinischen Brief, der nur unter dem Namen des Apostels abgesandt wurde, um sich dessen Autorität zu bedienen, sondern um einen «echten» Brief des Mannes, von dem auch der Römerbrief, 1. und 2. Korintherbrief, Galaterbrief, Philipperbrief und 1. Thessalonicherbrief stammen. Von diesen zweifelsfrei echten Paulusbriefen sind die «unechten» bzw. deuteropaulinischen Briefe zu unterscheiden, und zwar der 2. Thessalonicherbrief, Epheserbrief, Kolosserbrief sowie 1. und 2. Timotheusbrief und Titusbrief (und Hebräerbrief). Diese behaupten zwar, von Paulus zu stammen; hieran müssen jedoch aus inhaltlichen Gründen erhebliche Zweifel angebracht werden. – Der Mitabsender Timotheus ist der Mitarbeiter des Paulus, der außer im Römer- und 1. Korintherbrief stets als Mitabsender genannt wird und über dessen vielfältige Aufgaben im Zusammenhang der Missionsreisen des Apostels die echten Paulusbriefe (1. Thess. 3,1ff.; 2. Kor. 1,19; Phil. 2,19ff,; 1. Kor. 4,17; 16,10f.) Auskunft geben.

Der Verfasser stellt sich in der Überschrift V. 1 als «Gefangener Christi Jesu» vor. Damit könnte im übertragenen Sinn die enge Abhängigkeit des Apostels von seinem Herrn gemeint sein. Wahrscheinlicher ist es aber, daß der Begriff «Gefangener» wörtlich aufzufassen ist: Paulus ist um Christi Jesu willen, d. h. wegen seiner Verkündigung als Apostel im Gefängnis. Für dieses Verständnis der Gefangenschaft spricht einmal der paulinische Sprachgebrauch. In den anderen Briefen bezeichnet Paulus sich nie als Gefangenen, sondern wählt die Begriffe «Sklave» (Röm. 1,1; Phil. 1,1), «berufener Apostel» (Röm. 1,1; 1. Kor. 1,1), «Apostel» (2. Kor. 1,1; Gal. 1,1), während er im ältesten Brief 1. Thess. 1,1 auf jegliche Näherbestimmung verzichtet und nur seinen Namen nennt. Es handelt sich bei «Gefangener» also nicht um eine gängige Selbstbezeichnung des Apostels, vielmehr kommt der Begriff in den echten Paulusbriefen nur Phlm. 1 und 9 vor. – In den Deuteropaulinen meint der Begriff eine reale Gefangenschaft, und zwar Eph. 3,1; 4,1 wegen des eindeutigen Hinweises Eph. 6,20, wo «Paulus» vom Evangelium spricht, «um dessentwillen ich ein Gesandter bin in Ketten». Es folgt hier Eph. 6,21f. ein Hinweis auf Tychikus, der die Adressaten genauer über die Lage des «Paulus» informieren soll. Eben dieser Tychikus wird mit derselben Aufgabe auch Kol. 4,7f. erwähnt, wobei Kol. 4,3.10.18 ebenfalls eine reale Gefangenschaft vorausgesetzt ist. Auch 2. Tim. 1,8 begegnet die Bezeichnung als Gefangener, wiederum im realen Sinn, da 2. Tim. 1,16; 2,9 ein deutlicher Hinweis auf eine real vorgestellte Gefangenschaft vorliegt und «Paulus» 2. Tim. 4,6 mit seiner baldigen Hinrichtung rechnet.

Wichtiger als diese Hinweise aus anderen Briefen ist aber die Überlegung, daß der Philemonbrief selbst mit seinen übrigen Andeutungen über die Lage des Apostels eine übertragene Bedeutung der Selbstbezeichnung als Gefangener ausschließt. Phlm. 8f. betont Paulus, daß er zwar in Christus viel Freiheit hätte, Philemon zu gebieten, was sich gebührt, um der Liebe willen aber darauf verzichtet. Diesen Autoritätsverzicht unterstreicht er mit der Feststellung, daß er so handelt, obwohl er doch gebieten könnte – einmal schon in seiner Autorität als

alter Mann (bzw. Gesandter, hierzu s. u.), zum anderen aber noch viel mehr jetzt
als Gefangener. Diese Berufung auf die Gefangenschaft würde, wenn sie im
übertragenen Sinne gemeint wäre, gegenüber der Phlm. 8 in Anspruch genom-
menen «Freiheit in Christus» keine wirkliche Steigerung der Autorität bedeu-
ten, sondern nur das zuvor bereits Gesagte, lediglich mit anderen Worten, neu
umschreiben. Paulus redet hier also mit Sicherheit von realer Gefangenschaft,
welche die bereits zuvor bestehende «Freiheit in Christus» kürzlich noch vergrö-
ßert hat.
Auf eine Gefangenschaft deutet auch der Hinweis auf die Fesseln V. 10 und 13
hin. Wieder könnte man auch diesen Ausdruck im übertragenen Sinn zu verstehen suchen. Aber derselbe Begriff ist sowohl von Paulus selbst Phil. 1,7.13.14.17
als auch in den Deuteropaulinen Kol. 4,18 und 2. Tim. 2,9 auf eine reale Gefangenschaft bezogen. Dasselbe muß auch im Philemonbrief der Fall sein. Phlm. 10
bittet Paulus für sein Kind, das er gezeugt hat. Das ist eine bildliche Umschrei-
bung für die Bekehrung des Onesimus. Der Hinweis, daß Paulus ihn «in seinen
Fesseln» gezeugt hat, wäre bei übertragenem Verständnis der Fesseln unnötig,
da Paulus vor seiner Bekehrung die Gemeinde verfolgt hat (Gal. 1,13f.), also
schwerlich einen entlaufenen Sklaven zu Christus bekehrt hätte. Darum muß
dieser Hinweis auf die Fesseln einen besonderen Umstand im Leben des Christen Paulus benennen. Unverständlich wäre sonst auch die Aufforderung V. 22,
bereits jetzt schon Vorkehrungen für den Besuch des Paulus zu treffen, da er
hofft, den Adressaten durch deren Fürbitte geschenkt zu werden. Das kann nur
eine erhoffte Befreiung aus realer Gefangenschaft meinen. Schließlich spricht
auch der Begriff «Mitgefangener», den Paulus nur Phlm. 23 und Röm. 16,7 (und
Kol. 4,10) für ganz bestimmte Männer gebraucht, für eine reale Gefangenschaft,
da für eine übertragene Bedeutung des «Mitgefangenen» ein viel häufigeres
Vorkommen zu vermuten wäre.
Jetzt erhebt sich die Frage, wo Paulus gefangen war. Der Brief selbst gibt darüber keine Auskunft. Eine Antwort auf diese Frage ist aber wichtig, weil Paulus
Phlm. 22 seinen Besuch nach der bald erhofften Freilassung ankündigt. Es ist für
das Verständnis durchaus von Belang, ob es sich bei dieser Ankündigung nur um
eine höfliche Floskel oder um eine reale Möglichkeit handelt, ob also der Empfänger ernsthaft damit rechnen mußte, daß Paulus bei einem Besuch die Erfüllung seiner Bitte kontrollieren konnte, oder ob das nach Lage der Dinge völlig
ausgeschlossen war.
Bei der Beantwortung der Frage nach dem Ort der Gefangenschaft ist zu unterscheiden zwischen dem Selbstzeugnis des Paulus in den echten Paulusbriefen als
der Primärquelle und dem Bericht der Apostelgeschichte über das Leben des
Paulus als der Sekundärquelle.
    Nach Apg. 16,22ff. war Paulus kurzfristig in Philippi in Haft. Philippi scheidet
jedoch von vornherein als Möglichkeit aus, weil die Haft viel zu kurz war. Die
Apostelgeschichte kennt dann nur noch eine Gefangenschaft am Ende der
Wirksamkeit des Apostels. Sie begann Apg. 21,27ff. mit der Verhaftung in Jerusalem, wurde wegen der Gefährdung des Gefangenen durch ein Komplott seiner
Gegner (Apg. 23,12ff.) in Cäsarea fortgesetzt (Apg. 23,31ff.) und endete nach
der Überführung des Gefangenen nach Rom (Apg. 27,1ff.) sowie zweijähriger
Wartezeit auf den Prozeß vor dem kaiserlichen Gericht (Apg. 28,30), das Paulus

in Cäsarea angerufen hatte (Apg. 25,11), vermutlich mit der Hinrichtung des Apostels, wovon in der Apostelgeschichte freilich nichts mehr verlautet. Da die Gefangenschaft in Jerusalem wiederum zu kurz war (vgl. die chronologischen Angaben Apg. 21,27; 22,24.30; 23,11.12.20.23.31), kommen nach der Apostelgeschichte nur Cäsarea oder Rom als Abfassungsorte des Philemonbriefes in Betracht.

Dies läßt sich nun noch näher präzisieren. Wegen der Besuchsankündigung Phlm. 22 kommt nur die Gefangenschaft in Cäsarea bis zur Anrufung des kaiserlichen Gerichts Apg. 25,11 in Frage, da Paulus danach nicht mehr mit seiner baldigen Freilassung rechnen konnte (vgl. Apg. 26,32). Nur wenn Paulus die Besuchsabsicht nicht ernst gemeint haben sollte, wäre auch ein späterer Zeitpunkt möglich.

Wie lange die Gefangenschaft des Paulus in Cäsarea bis zur Berufung an den Kaiser währte, ist umstritten. Der Statthalter Felix als der zuständige Gerichtsherr verzögerte den Prozeß (Apg. 24,22), und erst sein Nachfolger Porcius Festus trieb die Dinge voran. Dieser Statthalterwechsel vollzog sich nach Apg. 24,27 «als zwei Jahre um waren». Es ist nicht eindeutig, ob damit die Amtszeit des Felix oder die Gefangenschaft des Paulus gemeint ist. In jedem Falle wäre aber eine Abfassung des Philemonbriefes während der Gefangenschaft in Cäsarea möglich.

Aus den echten Paulusbriefen ergibt sich nun aber eine ganz andere Möglichkeit. Die Gefangenschaft am Ende der Wirksamkeit des Apostels ist hier nicht eindeutig belegt, da alle Briefe vor dem letzten Besuch in Jerusalem geschrieben wurden; es wird vor der Reise nach Jerusalem (Röm. 15,30ff.) nur die Sorge vor einer Gefährdung durch die ungläubigen Juden ausgesprochen. An die Philipper schreibt Paulus freilich eindeutig aus einer Gefangenschaft (Phil. 1,7.12ff.; 2,17f.23f.[4,14]), aus der er ebenso wie Phlm. 22 freizukommen hofft (Phil. 1,20.24f.; 2,24). Diese Gefangenschaft muß nun aber nicht unbedingt mit einer der Gefangenschaften, von denen die Apostelgeschichte berichtet, identisch sein. Nach 2. Kor. 11,23 war Paulus im Vergleich mit seinen Gegnern in Korinth «mehr in Mühsalen, mehr in Gefangenschaften, weitaus mehr in Schlägen, oftmals in Todesgefahren.» Dieser Brief ist eindeutig vor der letzten Gefangenschaft des Apostels geschrieben. Es ist demnach mit mehr Gefangenschaften zu rechnen als die Apostelgeschichte überliefert. Eine dieser 2. Kor. 11,23 erwähnten Gefangenschaften dürfte in Ephesus zu lokalisieren sein. 1. Kor. 15,32 erwähnt Paulus nämlich, daß es für ihn in Ephesus beinahe zu einem Kampf mit wilden Tieren gekommen wäre, d. h. zu einem gerichtlichen Todesurteil, das die Römer zur Belustigung der Volksmenge in der Arena vollstreckten, indem sie die Verurteilten wilden Tieren zum Fraß vorwarfen. Desgleichen blickt er 2. Kor. 1,8 auf eine große Bedrängnis in «Asia» zurück, womit ebenfalls nach damaligem Sprachgebrauch Ephesus gemeint ist, bei der er bereits sein Leben verloren gab. Das paßt gut zu der Situation von Phil. 1,12ff., wo Paulus nach einem wichtigen Termin vor dem Gericht des Statthalters schwankt zwischen der Erwartung einer Verurteilung zum Tode und der Hoffnung auf einen Freispruch, um die Philipper erneut besuchen zu können. Daß der Philipperbrief in diese Zeit der Bedrängnis in Ephesus gehört, legen auch die Andeutungen über die vielen Reisen zwischen Philippi und dem Ort der Gefangenschaft nahe. Nach

Phil. 2,25ff. müssen zunächst die Philipper gehört haben, wo Paulus sich aufhielt, um dann Epaphroditus mit einer Unterstützung für Paulus zu ihm zu schicken. Epaphroditus erkrankte ernstlich, während er bei Paulus war. Davon hörten die Philipper, und Epaphroditus erfuhr seinerseits von der Reaktion der Philipper auf diese Nachricht, so daß es ihn nun nach seiner Genesung nach Hause zieht, um seine Heimatgemeinde zu beruhigen. Dieses vielfältige Hin und Her macht es denkbar unwahrscheinlich, daß der Philipperbrief aus Cäsarea oder gar Rom geschrieben wurde. Wahrscheinlicher und zudem wegen der Hinweise in 1. Kor. 15,32 und 2. Kor. 1,8 naheliegender ist einfach die Abfassung während einer Gefangenschaft in Ephesus. In eben diese Zeit der Erwartung eines möglichen Freispruches vor dem Gericht des Statthalters in Ephesus dürfte auch der Philemonbrief zu datieren sein. Daraus folgt, daß Paulus die Besuchsabsicht Phlm. 22 ernst gemeint haben dürfte. Zu klären bleibt freilich noch, wo Philemon wohnte (s. u. S. 18f.).

Für das Verständnis des Briefes ist ferner wichtig, sich von der Gefangenschaft des Paulus ein zutreffendes Bild zu machen. Wie sehr sich die antiken Haftbedingungen vom modernen Gefängniswesen unterscheiden, läßt sich an einigen Schilderungen und Andeutungen der Apostelgeschichte zeigen. So heißt es Apg. 12,6, daß Petrus, als er von Herodes Agrippa gefangengenommen worden war, die Nacht über mit zwei Ketten gefesselt zwischen zwei Soldaten schlief und außerdem noch das Gefängnis von Wächtern vor der Tür gesichert war. Eine ähnlich strenge Bewachung erfuhren Paulus und Silas in Philippi (Apg. 16,24), wo sie in das innere Gefängnis gebracht und außerdem noch mit den Füßen in den Block geschlossen wurden; lediglich die Wächter fehlen hier. Nach der Darstellung des Lukas (Apg. 22,24.30) wurde Paulus auch bei seiner Gefangennahme in Jerusalem nicht nur in die Kaserne gebracht, sondern zusätzlich gefesselt. Von einer Fesselung auch in der zweiten Nacht ist Apg. 23,10 aber nicht mehr die Rede, und auch in Cäsarea wird Paulus nach Apg. 23,35 im Palast des Herodes lediglich bewacht. Nach einem ersten Termin vor dem Statthaltergericht in Cäsarea erteilt Felix dem Hauptmann der Bewachungstruppe (Apg. 24,23) sogar den ausdrücklichen Befehl, daß Paulus zwar in Haft zu halten sei, aber Erleichterung bekommen solle, «und er solle niemandem von den Seinen wehren, ihm Dienste zu leisten.» Auch beim Gefangenentransport nach Rom wird Paulus Apg. 27,2 von einem Christen mit Namen Aristarchus begleitet, der schon früher mit ihm gezogen war (Apg. 19,29; 20,4) und offenbar nicht zu den Gefangenen gehörte. Vielleicht war auch der (ungenannte) Verfasser des Berichts (er ist in der 1. Person Plural abgefaßt) einer der (freiwilligen) Begleiter des Paulus. Darüber hinaus wird von einer noch weitergehenden Erleichterung für den Gefangenen berichtet: Nach Apg. 27,3 erwies sich der Kommandant der Bewachungstruppe in Sidon «menschenfreundlich gegen Paulus und erlaubte ihm, zu seinen Freunden zu gehen und sich pflegen zu lassen». Hier bekommt der Gefangene sogar einen Urlaub auf Ehrenwort! In Rom schließlich «wurde dem Paulus gestattet, für sich zu bleiben mit dem Soldaten, der ihn bewachte» (Apg. 28,16), und «er blieb ... zwei ganze Jahre in einer eigenen Mietwohnung und nahm alle auf, die bei ihm eintraten, und predigte das Reich Gottes und lehrte von dem Herrn Jesus Christus mit aller Freimütigkeit ungehindert» (Apg. 28,30f.).

Die Darstellungen der Apostelgeschichte stammen zwar nur aus der Sekundärquelle; sie müssen darum nicht unbedingt in allen Einzelheiten historisch zutreffen. Sie zeigen aber, welche Vorstellungen von Gefangenschaft der Autor hatte.
Auch andere Zeugnisse der Antike bestätigen, daß es eine breite Skala von Ver-
wahrungsmöglichkeiten gab von strengster Kerkerhaft mit Fesselung über Bewachung in der Kaserne bis hin zum Arrest im Hause eines Privatmannes. Welche dieser Bedingungen auf Paulus zutrafen, läßt sich nicht mehr genau ermit-
teln. Stammt der Philemonbrief aus derselben Haft wie der Philipperbrief, wo
Paulus ebenso wie Phlm. 22 nach einem für seinen Prozeß entscheidenden Termin Phil. 1,12ff. durchaus auch mit einem Freispruch rechnen konnte, ist es aber
zumindest nicht ausgeschlossen, daß die Haftbedingungen so sehr gelockert
wurden, daß der Apostel nicht nur mit Mitgefangenen (Phlm. 23), sondern auch
mit Timotheus (Phlm. 1) sowie anderen Mitarbeitern (Phlm. 24) und sogar Besu-
chern wie Onesimus Umgang pflegen und Briefe schreiben konnte.
Als *Empfänger* des Briefes nennt die Zuschrift Philemon, Apphia, Archippus
und eine Hausgemeinde. Sowohl die Hausgemeinde als auch die Einzelpersonen
werden durch unterschiedliche Bezeichnungen näher charakterisiert.
Obwohl insgesamt drei Einzelpersonen genannt werden, wird die Gemeinde nur
als die «in deinem Hause» näher bestimmt. Das erlaubt es nicht, die drei Einzelpersonen ohne weiteres einfach etwa zu einer Familie zusammenzufassen, da
dann der Plural «in eurem Hause» zu erwarten wäre. In einigen alten Hand-
schriften werden in einem Nachtrag Philemon und Apphia als Ehepaar und Herren des Sklaven Onesimus bezeichnet, während Archippus als Diakon der Gemeinde von Kolossä gilt. Die letztere Bestimmung ist eine Folgerung aus
Kol. 4,17: «Und saget dem Archippus: Sieh auf den Dienst, den du im Herrn
empfangen hast, damit du ihn erfüllst!» Nun gilt der Kolosserbrief aus inhaltlichen Gründen zwar als deuteropaulinisch; seine «historischen» Angaben –
z. B. auch über die Namen der dortigen Gemeindeglieder – müssen aber deshalb
nicht unzutreffend sein. So ist nicht auszuschließen, daß ein Archippus in Kolossä wohnte und daß er darüber hinaus sogar mit dem Archippus aus Phlm. 2 identisch ist. Dennoch folgt aus Kol. 4,17 nicht zwingend, daß er Diakon war; vielmehr kann auch an eine spezielle (einmalige) Aufgabe gedacht sein. So müssen
hier Fragen offenbleiben. Nicht einmal aus der Bezeichnung «Mitstreiter» läßt
sich etwas Genaueres schließen, etwa daß es sich bei Archippus um einen «be-
stallten Führer» der Gemeinde handelt (so Lomeyer). Phil. 2,25 gebraucht Paulus nämlich denselben Begriff für «Epaphroditus, der mein Bruder und Mitarbeiter und Mitstreiter, von eurer Seite aber der Abgesandte und Überbringer
meines Bedarfs ist», also eher ein Bote als ein Führer der Gemeinde. Auch aus
Phil. 4,2f. läßt sich kein besonderer Sinn für «Mitstreiter» entnehmen, wenn
Paulus hier um besondere Fürsorge bittet für Euodia und Syntyche, «die mit mir
im (Dienst für das) Evangelium gekämpft haben zugleich mit Clemens und meinen übrigen Mitarbeitern, deren Namen im Buche des Lebens stehen.» Vielmehr zeigt insbesondere dieser Beleg, daß der Begriff für eine Vielzahl von
(gleichgestellten) Mitarbeitern des Paulus verwendet werden konnte. So ergibt
sich lediglich, daß es sich bei Archippus um einen aktiv wirkenden Christen handeln muß, dessen Erwähnung Paulus im Präskript für angezeigt hielt, ohne daß
sich darüber genaueres ausmachen ließe. Abwegig ist es jedenfalls, in ihm den

eigentlichen Empfänger des Briefes zu sehen, nur weil sein Name als letzter vor der Gemeinde steht und das «in deinem Hause» sich darum auf ihn beziehen müsse (so Knox). Viel ungezwungener bezieht sich das «dein» V. 2 auf den zuerst Genannten; will man es anders beziehen, muß man gekünstelte Gründe dafür anführen, daß Philemon, der im übrigen mit dem direkten Anliegen des Briefes nicht befaßt würde, überhaupt genannt wird.

Neben der Hausgemeinde und Archippus wird Apphia genannt. Der Begriff «Schwester» bezeichnet sie eindeutig als Christin (vgl. Mk. 3,31–35 parr.). Daß sie die Frau des Philemon war, läßt sich nicht beweisen; diese Vermutung liegt bestenfalls nahe, weil sie vor Archippus genannt und vielleicht auch deswegen eigens erwähnt wird, weil das Anliegen des Briefes insbesondere auch die Hausfrau betrifft.

Der Hauptadressat ist in jedem Fall Philemon. Selbst wenn Apphia seine Ehefrau und Archippus vielleicht sogar sein Sohn ist, erscheint der Singular «die Gemeinde in *deinem* Hause» sinnvoll, weil es im Brief ausschließlich um Philemon geht. Er steht nicht nur an erster Stelle, sondern wird auch als einziger mit zwei Prädikaten bedacht: «Geliebter» und «Mitarbeiter».

Nicht nur aus der Bezeichnung als Mitarbeiter des Paulus sowie aus der Nennung seiner Hausgemeinde ergibt sich, daß Philemon ein Christ ist; dies wird vielmehr noch ausdrücklich V. 5 in der Begründung für die Danksagung und V. 6 in der Fürbitte hervorgehoben. Auch hat er nach V. 7 den Heiligen (= Mitchristen) in für Paulus erfreulicher Weise Liebe erwiesen. Nach V. 10f. besitzt er einen Sklaven Onesimus, der einst unnütz war und ihm einen Schaden zugefügt haben muß, da Paulus V. 18f. ausdrücklich für einen solchen aufkommen will.

Aus der Tatsache, daß Philemon wenigstens einen Sklaven besessen hat, folgt nicht unbedingt, daß er ein reicher Mann war. Dazu war die Institution der Sklaverei in der Antike viel zu selbstverständlich und weit verbreitet. Philemon kann sowohl ein begüterter Mann als auch ein einfacher Handwerker gewesen sein, selbst wenn sich in seinem Hause eine Gemeinde versammelte. Wo Philemon wohnt, wird im Brief selbst durch nichts angedeutet. Wenn aber die Besuchsankündigung V. 22 ernst gemeint ist, dürfte mit einer nicht allzu großen Entfernung vom Ort der Gefangenschaft des Paulus oder von einer für die nahe Zukunft ohnehin geplanten Reiseroute zu rechnen sein.

Wieder gibt der wohl nicht von Paulus verfaßte Kolosserbrief weitere Hinweise, sofern man davon ausgehen darf, daß seine historischen Daten nicht reine Erfindung sind. Es wird nicht nur Kol. 4,17 der Archippus aus Phlm. 2 erwähnt, sondern auch Kol. 4,9 die Ankunft des Onesimus, des treuen und geliebten Bruders, «der einer der Eurigen ist», angekündigt.

Nach Kol. 4,7f. soll Onesimus allerdings mit Tychikus kommen, welcher der Gemeinde (ebenso wie Eph. 6,21f.!) über die Lage des gefangenen Apostels berichten wird, und von diesem verlautet im Philemonbrief gar nichts; er kommt überhaupt in keinem der echten Paulusbriefe vor und wird neben Eph. 6,21f.; Kol. 4,7f. nur noch 2. Tim. 4,12 und Tit. 3,12 in ebenfalls deuteropaulinischen Briefen erwähnt. Er taucht freilich auch Apg. 20,4 in einer offenbar alten Überlieferung von den Begleitern des Paulus bei der letzten Reise nach Jerusalem auf, könnte also durchaus zu den weniger «hochgestellten» Mitarbeitern des Apostels gehört haben. Da ausdrücklich vermerkt wird, daß er aus «Asia» stammt, also aus dem westlichen Kleinasien mit Ephesus als Mittelpunkt, lag es nahe, auch ihn in deuteropaulinischen Briefen – insbesondere, wenn sie in diesem Raum entstanden – zu erwähnen. Ob Tychikus damals tatsächlich mit Onesimus reiste, auch wenn er von Paulus nicht erwähnt wird, muß jedoch offen bleiben.

Immerhin erlaubt die Erwähnung des Onesimus Kol. 4,9 den vorsichtigen Schluß, daß auch sein Herr Philemon in oder bei Kolossä wohnte. Das aber war von Ephesus, dem vermutlichen Gefangenschaftsort des Paulus, nach damaligen Reisegewohnheiten nur drei (!) Tagesmärsche entfernt! Damit gewinnt die Besuchsankündigung Phlm. 22 den Charakter einer – je nach Einschätzung der Lage – beglückenden oder bedrohlichen Realität.

Daß mit Archippus Kol. 4,17 und Onesimus Kol. 4,9 dieselben Männer wie im Philemonbrief gemeint sind, legt die auffallende Übereinstimmung in den Grußlisten beider Briefe zwingend nahe:

Phlm. 23f.	Kol. 4,10ff.
Es grüßen dich	Es grüßt euch
Epaphras,	Aristarchus,
mein Mitgefangener	mein Mitgefangener,
	und Markus, der Vetter des
	Barnabas,
in Christus Jesus,	und Jesus, genannt Justus,
	...
Markus,	
	Es grüßt euch
Aristarchus,	Epaphras, einer der Eurigen,
Demas,	ein Knecht Jesu Christi ...
	Es grüßt euch
Lukas,	Lukas, der geliebte Arzt,
meine Mitarbeiter.	und Demas.

Alle fünf Namen des Philemonbriefes kehren Kol. 4,10ff. wenn auch in anderer Reihenfolge und mit Zusätzen wieder, und lediglich «Jesus, genannt Justus» hat keine Entsprechung im Philemonbrief. Eine solche könnte aber ursprünglich durchaus bestanden haben. Kol. 4,10 wird nämlich Aristarchus nur «mein Mitgefangener» genannt, während Epaphras Phlm. 23 «mein Mitgefangener in Christus Jesus» heißt. Sollte hier ursprünglich Jesus Justus gestanden haben? Wenn erst spätere Abschreiber auf Grund des Stichwortes «Jesus» den unbekannten Namen Jesus Justus in die weitaus bekanntere und geläufige Formel «in Christus Jesus» änderten, hätten wir es mit einer völligen Identität der Namen in den beiden Grußlisten zu tun. Aber auch ohne diese Annahme besteht kein Zweifel, daß der deuteropaulinische Kolosserbrief offenbar dieselbe Gefangenschaft voraussetzt wie der Philemonbrief, die Namen in beiden Briefen also dieselben Personen meinen. Darum ist mit Kolossä als Wohnort für Philemon, den Herrn des Sklaven Onesimus, zu rechnen.

Von wesentlicher Bedeutung für das Verständnis des Briefes ist es, welche Beziehung zwischen Paulus und Philemon besteht. Aus der Bezeichnung als «Mitarbeiter» des Paulus Phlm. 1 scheint sich nahezulegen, daß Paulus Philemon persönlich kannte. Ferner erwähnt Paulus V. 19b wie selbstverständlich, daß Philemon sich selbst ihm, dem Apostel, schuldig ist. Daraus scheint zu folgen, daß Philemon sogar von Paulus selbst bekehrt wurde. Dann würde also schon vor der Abfassung des Briefes eine enge Beziehung zwischen beiden Briefpartnern bestanden haben. Beide Beweise jedoch sind nicht schlüssig.

Die Annahme, Paulus habe Philemon persönlich bekehrt, bedarf einer Hilfskonstruktion. Nach Kol. 2,1 ist Paulus nicht in Kolossä und dessen näherer Umgebung gewesen; man muß folglich postulieren, Philemon habe Paulus irgendwo unterwegs getroffen, vermutlich in Ephesus. Die Annahme, daß Philemon ein reisender Kaufmann war und dann auch noch zufällig mit Paulus zusammengetroffen ist, wird jedoch überhaupt nur zwingend durch das, was sie beweisen soll, kann aber nicht ihrerseits die These begründen, Paulus habe Philemon persönlich bekehrt. Der Hinweis Phlm. 19b, daß Philemon sich selbst Paulus schuldig sei, bedarf zu seinem Verständnis auch gar nicht dieser Voraussetzung, da Paulus als der Heidenmissionar diesen Anspruch jedem gegenüber erheben konnte, der in «seinem» Gebiet bekehrt wurde. – Ebensowenig ist es zwingend, daß die Bezeichnung als «Mitarbeiter» persönliche Bekanntschaft voraussetzt. Paulus verwendet den Begriff sehr oft für Mitarbeiter in der Mission. Auf die Mitarbeit in der Mission scheint er darum auch in den Fällen zu zielen, wo Paulus das nicht ausdrücklich sagt. Mit Bestimmtheit sind Paulus alle übrigen, für die er die Bezeichnung «Mitarbeiter» gebraucht, persönlich bekannt, und nur bei Philemon bestehen Zweifel. Für diesen dürfte man eine persönliche Bekanntschaft mit Paulus aber nur dann annehmen, wenn keine gewichtigen Gründe dagegen sprächen. Es ist nämlich für den Philemonbrief charakteristisch, daß der Apostel Philemon in verschiedener Weise durch besondere Gunstbezeugungen in Anspruch nimmt und verpflichtet (s. u.). Es paßt also durchaus in den Stil der sonstigen Argumentation, daß Paulus Philemon mit dem ehrenden Titel «Mitarbeiter» (zu ergänzen ist: am Evangelium) belegt, auch wenn er zuvor noch nie mit ihm persönlich zusammengearbeitet hat. Eindeutig gegen eine persönliche Bekanntschaft spricht jedenfalls, daß Paulus die Danksagung V. 5 damit begründet, er habe vom Glauben und der Liebe des Philemon *gehört*. Eine solche nur durch Hörensagen vermittelte Begründung für die Danksagung findet sich sonst nur noch Kol. 1,4 und Eph. 1,15, wobei diese deuteropaulinischen Briefe ausdrücklich voraussetzen, daß «Paulus» die Empfänger noch nicht besucht hat (Kol. 2,1; Eph. 3,1f.). In den echten Paulusbriefen wird dagegen sehr viel deutlicher auf die frühere Geschichte der Adressaten mit Paulus Bezug genommen, wobei nur Röm. 1,8 eine Ausnahme darstellt, da Paulus die Römer ja erst noch besuchen will (Röm 1,10).

Es ist nach alledem wahrscheinlicher, daß Paulus von Philemon und dessen Christsein sowie auch von Apphia, Archippus und der Hausgemeinde nur von Hörensagen weiß. Sofern die Personalnotizen des deuteropaulinischen Kolosserbriefes zutreffend sind, könnte Epaphras, der nach Kol. 1,7; 4,12f. der Gründer der Gemeinde von Kolossä gewesen zu sein scheint, ein Informant des Paulus gewesen sein. Das ist freilich nur eine Mutmaßung. Sicher ist jedenfalls, daß

Paulus von Philemon und den Verhältnissen in dessen Hause durch den Sklaven Onesimus erfuhr. Dieser aber war im Hause seines christlichen Herrn noch nicht bekehrt worden. Das kann an Onesimus, ebenso aber auch an den Verhältnissen im Hause seines Herrn und insbesondere an diesem selbst gelegen haben. In jedem Fall erlaubt diese Erwägung zumindest die Frage, wie es wohl um das Christsein des Philemon bestellt gewesen sein mag, und läßt ahnen, daß Paulus bei der Formulierung seines Anliegens vielleicht (wenn nämlich Onesimus nicht nur Günstiges zu berichten wußte!) äußerst vorsichtig und geschickt vorgehen mußte.

Mit dem zuletzt Gesagten wurde schon übergeleitet zum konkreten *Anlaß des Schreibens*. Wieder sind die äußeren Daten nur vordergründig eindeutig.

Eindeutig ist, daß ein noch unbekehrter Sklave Onesimus (der Name bedeutet «der Nützliche», also etwa «Tutsehrgut») seinem Herrn entlaufen ist, bei Paulus Zuflucht gefunden hat, vom gefangenen Apostel bekehrt wurde V. 10f., denn Philemon soll ihn jetzt als Bruder ansehen V. 16. Daß eine Bekehrung durch einen Gefangenen durchaus möglich war, wurde bereits (s. o.) gezeigt.

Der nunmehr Bekehrte wird mit dem vorliegenden Brief seinem rechtmäßigen Herrn zurückgeschickt (V. 12). Da Paulus selber den Zeitpunkt der Rücksendung von sich aus bestimmt (V. 13f.), ist Onesimus keineswegs als Mitgefangener vorzustellen, da er sonst von der Behörde an seinen Herrn hätte ausgeliefert werden müssen.

Entweder vor oder bei der Flucht muß Onesimus seinen Herrn auf irgendeine Weise geschädigt haben, denn Paulus verpflichtet sich V. 18f., für den Schaden aufzukommen. Der Wortlaut legt es nicht nahe, daß dabei nur an den Schaden zu denken ist, der während der Dauer der Abwesenheit des Sklaven durch den Ausfall seiner Arbeitsleistung entstanden ist.

Damit ist auch schon der Bereich eröffnet, wo die offenen Fragen anfangen, die gleichwohl wenigstens genannt werden sollen, um dem Schreiben mehr Profil zu geben. Unklar ist, ob es sich bei dem Schaden, den Onesimus seinem Herrn zugefügt hat, nur um eine Art Mundraub zur Ermöglichung der Flucht handelte, oder ob Onesimus zu den Sklaven gehörte, denen von ihrem Herrn ein mehr oder minder großes Vermögen zu selbständiger Geschäftsführung anvertraut war und die damit Erfolg haben, aber ebensogut scheitern konnten. Wenn Paulus Philemon V. 19b nahelegt, auf Schadenersatz zu verzichten, so kann es sich folglich um eine Belanglosigkeit, ebensogut aber auch um eine unerhörte Zumutung handeln – je nach den Verhältnissen. Auf gar keinen Fall darf der moderne Leser die antike Sklaverei im 1. Jahrhundert n. Chr. unkritisch mit seinen Vorstellungen vom Los der Negersklaven in den Südstaaten der USA («Onkel Toms Hütte», «Roots») verwechseln. (Genaueres bei S. Scott Bartchy und H. Köster S. 57–62). Da es die unterschiedlichsten Formen der Sklavenarbeit von der unerträglichsten Arbeit in Bergwerken oder auf Galeeren über Tätigkeit in Kunst und Wissenschaft bis hin zur Verwaltungsarbeit in höchsten Stellungen am kaiserlichen Hof gab, ist der soziale Hintergrund des Philemonbriefes keineswegs eindeutig.

Mit diesen Erwägungen wird auch im positiven Sinn frag-würdig, was für ein Mensch der Sklave Onesimus eigentlich war. Auch wenn es nach Lage der Dinge keine Antwort auf diese Frage geben kann, lohnt es sich, einige Denkmöglich-

keiten bewußt zu machen. Der Brief gewinnt sehr unterschiedliche Aussage-
kraft, je nachdem, mit welchem Hintergrund man mehr oder minder unbewußt
rechnet. So sind sehr verschiedene Motive für die Flucht des Sklaven denkbar.
Wahrscheinlich hat man im Hause seines Herrn von Paulus gesprochen. Ist er
fortgelaufen, weil er zu Paulus wollte, oder ist er ziellos fortgelaufen, nur weil er
es im Hause seines christlichen Herrn nicht mehr aushalten konnte? War ju-
gendlicher Freiheitsdrang sein unbedachtes Motiv oder die Überlegung, daß er
sich angesichts seines Vergehens (vgl. V. 18f.) der Fürsprache eines bei seinem
Herrn angesehenen Mannes versichern mußte? Ist er von vornherein zu Paulus
unterwegs gewesen, oder war dieser nur die letzte Rettung in einer ausweglos
gewordenen Lage nach der Flucht? Und schließlich: war seine Bekehrung eine
reine Herzenssache, oder erfolgte sie vielleicht auch mit dem Gedanken an die
erhoffte Versöhnung mit seinem Herrn? – Hiermit sollen nur einige von vielen
Möglichkeiten angedeutet werden, über die nachzudenken sich auch dann lohnt,
wenn man sie spontan verwerfen möchte, weil sie das selbstverständlich Erschei-
nende in Frage stellen. Einen Gewinn an Erkenntnis gibt es ja nur dann, wenn
man neue Wege zu gehen wagt und dem Text zutraut, daß er sich gegen eindeutig falsche Unterstellungen sperrt.
Zum Anlaß des Schreibens gehören nicht nur die eindeutigen und offenen Fragen, die sich aus dem Brief selbst ergeben, sondern es gehört dazu auch die
rechtliche Lage, über die der Brief sich nicht weiter ausläßt. Paulus bezeichnet
V. 12–14 Onesimus als einen, «den ich bei mir behalten wollte, damit er mir an
deiner Statt diente in den Fesseln, (die ich) für das Evangelium (trage); aber ohne deine Meinung (zu kennen,) mochte ich nichts tun, damit deine Guttat nicht
gewissermaßen aus Zwang, sondern aus freiem Willen käme». Paulus erweckt
hier den Eindruck, als sende er Onesimus freiwillig zu Philemon zurück; tatsächlich blieb ihm aber kaum etwas anderes übrig. Onesimus war ein Sklave und somit Eigentum seines Herrn. Dieses Eigentum durfte Paulus sich nicht aneignen,
ohne die damalige Rechtsordnung zu verletzen. (Es gab sogar ein römisches Ge-
setz, das ausdrücklich die Anmaßung von Herrenrechten über fremde Sklaven
mit Strafe bedrohte!). Vor diesem Hintergrund gewinnen die oben zitierten Sätze des Paulus einen ganz anderen Klang. Zumindest muß doch gefragt werden,
welche Absicht Paulus verfolgt, wenn er das, wozu er verpflichtet war, als freiwilliges Tun darstellt.
Es ist freilich nicht ganz eindeutig, welche Rechtsordnung für den Philemonbrief
vorauszusetzen ist. Es ist möglich, daß an das römische Recht zu denken ist. Da
aber die Römer in ihren Provinzen das römische Recht nur für Inhaber des römischen Bürgerrechts durchsetzten, können für Philemon und Onesimus durchaus auch andere Rechtsverhältnisse gegolten haben. In Frage kommt hier das
griechische oder ein davon abgeleitetes Recht, das in der Provinz Asia neben
dem römischen Recht in Geltung geblieben war. In jedem Falle aber durften die
Besitzverhältnisse nicht ohne weiteres verändert werden. Wahrscheinlich hatte
auch Paulus sich an die Bestimmung zu halten, einen entlaufenen Sklaven entweder mit seinem Herrn zu versöhnen oder aber, wenn der Sklave nicht dazu
bereit war, den Sklaven zu verkaufen und dem Herrn wenigstens den Erlös zu-
kommen zu lassen (Goodenough). Ein entlaufener Sklave ging beim Weiterver-
kauf aber das Risiko ein, einen noch härteren Herren zu bekommen, zumal

beim Verkauf angegeben werden mußte, daß er ein flüchtiger Sklave war. Gelang es ihm nicht, durch seine Flucht ins Ausland zu gelangen, bei Banden und Räubern Anschluß zu finden oder in einer Großstadt unterzutauchen, lag es darum einfach nahe, bei einem einflußreichen Fürsprecher Unterstützung für eine ungefährdete Heimkehr und Versöhnung mit dem Herrn zu erbitten.

Eben dies scheint nun auch der Zweck des Philemonbriefes zu sein. (Unabhängig vom Erfolg des Briefes gehört auch die Absicht, die Paulus bei der Abfassung verfolgte, mit zum Anlaß des vorliegenden Briefes!) Daß Paulus aber dem reumütigen Flüchtling lediglich eine freundliche Aufnahme bei seinem zu Recht erzürnten Herrn sichern will, ist viel zu vordergründig geurteilt. Welche Absicht Paulus tatsächlich hatte, kann erst die genaue Untersuchung des Briefes zeigen.

Es lohnt sich aber, einmal einen Brief zur Kenntnis zu nehmen, der ausdrücklich das vermeintliche Ziel des Philemonbriefes verfolgt. Vor diesem Hintergrund läßt sich dann die Besonderheit der paulinischen Argumentation um so deutlicher erkennen. Besonders gut eignet sich dafür ein Brief, den der jüngere Plinius, ein hochgestellter römischer Militär und Staatsmann, in der Regierungszeit des Kaisers Trajan (98–117 n. Chr.) an seinen Freund Sabinianus schrieb. Plinius bittet hier zwar nicht für einen flüchtigen Sklaven, sondern für einen Freigelassenen, der aber nach römischem Recht weiterhin zu Gehorsam und Ehrerbietung seinem früheren Besitzer gegenüber verpflichtet blieb; insofern besteht eine Parallele zum Philemonbrief. Der Brief des Plinius hat folgenden Wortlaut:

«Mein lieber Sabinianus, Dein Freigelassener, über den Du Dich, wie Du gesagt hattest, so ärgerst, ist zu mir gekommen, hat sich mir zu Füßen geworfen und blieb dort liegen, als läge er vor Dir. Lange weinte er, er bat lange, er schwieg auch lange; kurz, er machte mir den Eindruck aufrichtiger Reue. Ich halte ihn wirklich für gebessert, da er einsieht, einen Fehler begangen zu haben.

Du bist zornig, das weiß ich, und Du bist mit Recht zornig, auch das weiß ich. Aber gerade dann ist Milde besonders lobenswert, wenn der Grund zum Zorn am berechtigsten ist. Du hast den Mann geliebt und, hoffe ich, wirst ihn wieder lieben; inzwischen genügt es, wenn Du Dich erweichen läßt. Du wirst auch wieder zornig werden dürfen, wenn er es verdient; denn hast Du Dich einmal erweichen lassen, wird auch jenes entschuldbarer sein. Halte seiner Jugend, halte seinen Tränen, halte Deiner Nachsicht etwas zugute. Quäle ihn nicht, quäle auch Dich nicht – Du quälst Dich nämlich, wenn Du, ein so gütiger Mensch, zornig bist.

Ich fürchte, es möchte scheinen, ich bäte Dich nicht, sondern nötigte Dich, wenn ich mich seinem Flehen anschließe; doch kann ich mich ihm um so bereitwilliger und ungehemmter anschließen, je schärfer und strenger ich ihn getadelt habe mit der unumwundenen Drohung, in Zukunft nie wieder für ihn bitten zu wollen. Dies sagte ich ihm, dem ich einen Schrecken einjagen mußte. Dir gegenüber sage ich dies nicht, denn vielleicht werde ich nochmals bitten, auch Gewährung nochmals bekommen; nur muß es etwas sein, das sich für mich zu bitten, für Dich zu erfüllen ziemt. Dein Gaius Plinius.»

Hier wird ausdrücklich um Milde für einen Missetäter gebeten. Einleitend wird geschickt die Reue des Freigelassenen hervorgehoben, der inzwischen zu besserer Einsicht gekommen ist und sich besonnen hat. Es sind menschliche Qualitäten, die den jungen Mann in den Augen des Fürsprechers wieder liebenswert erscheinen lassen. Als Hauptargument führt der Bittsteller jedoch an, daß es zum gütigen Charakter des Sabinianus einfach nicht paßt, zornig zu sein. Auch hier wird auf menschliche Qualitäten des Empfängers angespielt, der zwar aus gegebenem Anlaß wieder wird zornig sein dürfen, aber im Endeffekt nur sich selber quält, wenn er nicht Milde walten läßt. – Wie unterscheidet sich davon die Argumentation des Paulus im Philemonbrief?

Auslegung

1–3   Der Briefeingang

1 Paulus, Gefangener (um) **Christi Jesu** (willen), **und Timotheus, der Bruder, dem** (= an) **Philemon, dem Geliebten und unserem Mitarbeiter, 2 und Apphia, der Schwester, und Archippus, unserem Mitstreiter, und der Gemeinde in deinem Hause: 3 Gnade** (sei mit) **euch und Friede von Gott, unserem Vater, und dem Herrn Jesus Christus.**

Paulus stellt sich als Gefangenen Christi Jesu vor. Er bringt damit sofort die konkrete Lage ins Spiel, aus der heraus er schreibt. Aber nicht auf menschliches Mitleid mit seiner Notlage zielt er dabei ab; vielmehr verleiht ihm sein konkretes Leiden eine besondere Würde, da es seine Christuszugehörigkeit unterstreicht. Der Apostel gewinnt so eine besondere Autorität, auf die er freilich V. 8f. nicht pochen will. Dennoch bringt er sie schon in der Selbstvorstellung unmißverständlich zur Geltung, da er nicht wie 1. Thess. 1,1 lediglich seinen Namen nennt und auf jede nähere Charakterisierung verzichtet.

Mitabsender des Briefes ist Timotheus, der Mitarbeiter des Paulus. Er wird schlicht als Bruder, d. h. Mitchrist bezeichnet, obwohl er sich nach Phil. 2,19ff. gerade während der Gefangenschaft, aus der Paulus auch den Philemonbrief schreibt, in besonderer Weise bewährt hat. In den echten Paulusbriefen wird er nur dann nicht als Mitabsender genannt, wenn er nicht bei Paulus ist (Suhl, S. 220). So mag es einer selbstverständlichen Gewohnheit des Paulus entsprechen, ihn auch hier zu erwähnen. Aber obwohl Timotheus Mitabsender ist, spricht im Brief selbst doch nur Paulus allein, so gewiß auch Timotheus voll hinter dem Anliegen des Briefes stehen wird. Seine Nennung im Briefeingang zeigt, daß es für die folgende Bitte auf Seiten des Absenders bereits eine Öffentlichkeit gibt, die Angelegenheit also nicht nur zwischen Paulus und Philemon ausgetragen wird.

Eine Öffentlichkeit wird nun in der Zuschrift auch beim Adressaten hergestellt, indem neben Philemon auch Apphia, Archippus und «die Gemeinde in deinem Hause» genannt werden. Gleichwohl richtet sich das ganze Schreiben bis hin zu den Grüßen V. 23f. und nur mit Ausnahme des abschließenden Segenswunsches ausschließlich an Philemon. Er ist «der Geliebte und Mitarbeiter». Gewiß drückt das Wort «Geliebter» auch eine herzliche persönliche Zuwendung aus (vgl. nur die Zusammenstellung Phil. 4,1: «meine geliebten und ersehnten Brüder»); es darf aber nicht im abgeflachten Sinn der modernen Anrede «lieber Freund» mißverstanden werden, sondern drückt auch den Gedanken des «geliebt von Gott» (vgl. Röm. 1,7) aus. Wenn Philemon darüber hinaus auch noch «unser Mitarbeiter» genannt wird, ist er mit dieser ehrenvollen Anrede sogleich in die Pflicht genommen. Eine persönliche Bekanntschaft aus gemeinsamer Zusammenarbeit bei der Mission dürfte nur gefolgert werden, wenn es dafür weitere Anhaltspunkte gäbe. Da diese aber fehlen, ist der verpflichtende Charakter dieser Anrede deutlich. Philemon soll als von Gott Geliebter die ihm geschenkte Liebe auch an den nunmehr bekehrten Sklaven weitergeben (V. 16) und als Mitarbeiter des Paulus tätig werden, indem er dem Evangelium in seinem unmittelbaren Lebensbereich – konkret: gegenüber Onesimus – weiter Raum verschafft.

Apphia wird nur als «Schwester» (= Mitchristin) bezeichnet. Vielleicht ist sie die Ehefrau des Philemon. Das muß jedoch ebenso offen bleiben wie die Frage, ob Archippus beider Sohn ist. Dieser hat sich auf jeden Fall schon aktiv für das Evangelium eingesetzt, da Paulus ihn «unseren Mitstreiter» nennt. Ebensowenig wie aus der Bezeichnung für Philemon folgt hieraus, daß Paulus Archippus persönlich kannte. Es ist durchaus möglich, daß er nur durch den entlaufenen Sklaven etwas über ihn wußte. Archippus muß jedoch im Hause des Philemon eine besondere Rolle gespielt haben, wenn er neben Apphia als einziger Mitadressat namentlich genannt wird.

Wenn Paulus den Brief außer an die bereits genannten auch noch an «die Gemeinde in deinem Hause» richtet, so rechnet er offenbar damit, daß der Brief in «öffentlicher» Gemeindeversammlung verlesen wird. Philemon wird damit die Möglichkeit genommen, die Bitte des Paulus als seine Privatsache zu behandeln, er steht mit seiner Reaktion auf das Anliegen des Apostels vielmehr im hellen Rampenlicht vor der versammelten Hausgemeinde. Sie ist bei den folgenden Sätzen als der mithörende Hintergrund mitzubedenken. Es kann helfen, sich das plastisch wie auf einer Bühne vorzustellen, wo die Handlungen des Hauptakteurs von den Gefühlsäußerungen einer engagiert beteiligten Menge begleitet werden.

An diese versammelte Hausgemeinde richtet sich der Eingangsgruß **V. 3**. In ihm greift Paulus den weitverbreiteten Friedenswunsch auf. Er bezeichnet diesen Frieden aber näher, indem er ihn auf Gott und Jesus Christus zurückführt und durch den vorangestellten Gnadenwunsch deutlich macht, daß er hier den von Gott geschenkten Frieden und damit das Heil meint. Dieses Heil wird im Segenswunsch zugesprochen, zugleich wird mit dem folgenden Brief dafür Sorge getragen, daß Philemon dieses Heil sich weiter ausbreiten lassen kann.

4–7   Die Danksagung

4 Ich danke meinem Gott jedes Mal, wenn ich bei meinen Gebeten deiner gedenke, 5 da ich höre von deiner Liebe und dem Glauben, welche(n) du hast an den Herrn Jesus und für alle Heiligen, 6 damit die Gemeinschaft deines Glaubens wirksam werde in Erkenntnis alles Guten, das in uns ist, auf Christus hin. 7 Denn ich gewann viel Freude und Trost wegen deiner Liebe, da die Herzen der Heiligen durch dich, Bruder, erquickt worden sind.

Der Abschnitt ist (bis auf den überschießenden V. 7) sehr durchsichtig gegliedert. Er enthält nicht selbst eine Danksagung; vielmehr teilt Paulus V. 4 lediglich den Inhalt seines Gebets für Philemon mit. V. 5 ist im Griechischen mit einem kausal unterzuordnenden Partizip (hörend = da ich höre) angeschlossen und liefert die Begründung dafür, daß es sich bei diesem Gebet stets um eine Danksagung handelt. Syntaktisch setzt sich der Satz, der V. 4 begann, über V. 5 hinaus in V.6 fort und geht hier unvermittelt mit einer Zweckbestimmung in eine Fürbitte über. (Im Satzbau völlig anders, aber in der Struktur verwandt ist die Danksagung Phil.1,3–11. Hier wird V.3 der Inhalt des Gebets genannt, V.4 die Freude beim Gebet unterstrichen und V.5 die Begründung dafür geliefert. Allerdings blickt Phil.1,6 dann nicht mehr nur in die Vergangenheit zurück, sondern drückt ein besonderes Vertrauen auch für die Zukunft aus, was V.7f.mit den engen Beziehungen zwischen Paulus und den Philippern begründet wird. Das bedeutet gegenüber der Danksagung im Philemonbrief einen Einschub. Phil.1,9–11 setzt darum syntaktisch neu ein mit der Fürbitte, für die jetzt auch das passendere Verb gebraucht wird.) Phlm.7 schließt mit einem begründenden «denn» ein Rückblick auf eine besondere Tat des Philemon und deren Auswirkung auf Paulus an. Dieser Satz stört den im übrigen klar strukturierten Aufbau; entweder nämlich bezieht er sich – wegen des «denn» – als Begründung noch auf V.4, dann folgt er hier reichlich spät, oder aber er ist inhaltlich auf die Fürbitte zu beziehen, dann paßt jedoch der Anschluß mit «denn» nicht. Der Satz schließt in jedem Fall nur lose an, und es ist darum besonders genau nach seiner Funktion zu fragen.

Die Zürcher Bibel und andere Übersetzungen geben **V.4** mit folgenden Worten wieder: «Ich danke meinem Gott allezeit, indem ich in meinen Gebeten deiner gedenke.» Tatsächlich behauptet Paulus jedoch gar nicht, daß er seine ganze Zeit mit einem einzigen Dankgebet für Philemon verbringt; er betont vielmehr ganz nüchtern, daß immer dann, wenn er in seinen Gebeten des Philemon gedenkt, dies mit Dank geschieht. Die Begründung **V.5** ist chiastisch aufgebaut, d.h.die einzelnen Begriffe sind (nach der Form des griechischen Buchstaben chi) einander über Kreuz zuzuordnen nach dem Schema a b b a:

da ich höre   (a) von deiner Liebe und   b) deinem Glauben
                        welche(n) du hast
              b) an den Herrn Jesus und   a) für alle Heiligen.

Mit den «Heiligen» sind nach paulinischem Sprachgebrauch die Mitchristen gemeint. Unterschieden wird also zwischen der Liebe zu den Glaubensgenossen und dem Glauben an den Herrn Jesus. Im Griechischen sind die Begriffe für Liebe und Glaube beide weiblich, so daß hier der Relativsatz mit einem einzigen Pronomen anschließen kann, was sich in der Übersetzung nicht wiedergeben läßt. Abgesehen davon, daß der Chiasmus eine häufige Stilform ist, zeigt sich die Notwendigkeit, die Liebe auf die Mitchristen und den Glauben auf den Herrn Jesus zu beziehen, auch daran, daß der Begriff «Glaube» einen völlig anderen – und unpaulinischen! – Sinn bekommen müßte, sollte er allein oder auch auf Menschen zu beziehen sein. – Glaube an den Herrn Jesus und Liebe zu den Mitchristen umschreiben nichts weiter als die Tatsache, daß Philemon ein Christ ist. Dies allein ist Grund für die Danksagung! Erfahren hat Paulus davon durch Hörensagen, vermutlich also durch Onesimus. Dieses präzise Verständnis von V.5 schließt eine persönliche Bekanntschaft oder gar eine Bekehrung des Philemon durch Paulus aus. Gedankt wird ja nicht für die besondere Art der christlichen Lebensführung des Philemon nach seiner Bekehrung, sondern allein für die Tatsache seines Christseins. Dabei liegt der Ton allerdings auf der Liebe zu den Mitchristen, denn im Chiasmus stehen die betonten Teile immer in den Außengliedern, und die sprechen hier von der Liebe zu allen Heiligen. Eben auf diese Liebe kommt es im Folgenden ja auch an!

Die Fürbitte **V. 6** formuliert das noch ganz allgemein. Ihr geht es zunächst nur darum, daß der Glaube des Philemon sich wirksam erweise. Der Urtext läßt hier verschiedene Erklärungen zu. Bei dem Begriff «Gemeinschaft deines Glaubens» kann an das Anteilhaben des Philemon am Glauben gedacht sein, dann soll die Tatsache, daß er glaubt, sich auch wirksam erweisen. Das aber ist eigentlich durch die Beschreibung des Christseins mit Glaube *und* Liebe schon vorausgesetzt. Näher liegt es darum, der zweiten Übersetzungsmöglichkeit zu folgen. Danach wäre bei der «Gemeinschaft deines Glaubens» an die Gemeinschaft zu denken, die durch den Glauben des Philemon begründet wird, und es wird dafür gebeten, daß diese durch den Glauben begründete Gemeinschaft mit anderen Christen wirksam werde. In beiden Fällen aber geht es hier um den Glauben, der sich durch Liebe wirksam erweist (Gal. 5,6b).

Trotz des V. 5 über den Glauben des Philemon Gesagten bedarf er offenbar noch der Fürbitte. Diese zielt darauf ab, daß Philemon zur Erkenntnis kommen möge. Nicht ein Mangel an Glaube oder Bereitschaft zum Tun wird damit vorausgesetzt, sondern lediglich ein Mangel an Einsicht in das, was konkret zu tun ist. Eben diese Einsicht aber wird alsbald der folgende Hauptteil vermitteln! Insofern zielt auch diese Formulierung der Fürbitte schon auf das eigentliche Anliegen des Briefes selbst. Hier wird ja der Blick geöffnet für «das Gute, das in uns ist», nämlich die Fähigkeit, in einer bestimmten Situation Gottes Willen nicht nur als unerfüllbare Forderung zu vernehmen, sondern ihm auch zu entsprechen im leibhaften Gehorsam (Röm. 12,2; Phil. 1,9f.).

Der abschließende Hinweis «auf Christus hin» läßt wiederum verschiedene Deutungsmöglichkeiten zu. Die Worte haben keinen festen Bezugspunkt im vorangehenden Satz und sind nur lose angefügt. Ihr Sinn hängt davon ab, ob der Christus hier als auch gegenwärtige oder nur als zukünftige Größe vorgestellt ist. Ist Christus als auch gegenwärtig vorgestellt, wäre der Sinn, daß alles Tun des in Liebe wirkenden Glaubens zu einer immer engeren Verbindung mit Christus führt (vgl. 1. Kor. 1,9). Da aber 1. Kor. 1,7 und Phil. 1,6 (ebenfalls in Danksagungen!) vom kommenden Christus die Rede ist, liegt es näher, daß auch Phlm. 6 an den bei seiner Wiederkehr als Retter oder Richter kommenden Christus zu denken ist, vor dessen Richterstuhl wir alle offenbar werden müssen, «damit jeder empfange, je nachdem er im Leibe gehandelt hat, es sei gut oder böse» (2. Kor. 5,10). Nachdrücklich wird damit der Ernst der Lage unterstrichen, denn Paulus tröstet sich nicht mit einer billigen Gnade, sondern ist von der Notwendigkeit des leibhaften Gehorsams überzeugt.

Nach dem Ernst der Fürbitte mit ihrem Ausblick auf das Gericht schlägt der Rückblick **V. 7** wieder einen leichteren Ton an. Hier ist von der Freude und dem Trost die Rede, die Paulus gewann, weil Philemon die Herzen der Heiligen erquickt hat. Womit Philemon konkret andere Christen erfreut hat, läßt sich bestenfalls erraten. Paulus spielt hier auf Dinge an, die ihm offenbar von Onesimus berichtet wurden. Sie waren auch den Empfängern so bekannt, daß die Anspielung genügte. Es muß sich dabei entweder um eine besonders herausragende Tat gehandelt haben, die andere Taten so eindeutig in den Schatten stellte, daß sie nicht näher charakterisiert zu werden brauchte, oder aber um einen vielleicht

sehr viel bescheideneren, aber immerhin ersten Schritt auf einem neuen Weg;
auch dann bedurfte es nicht vieler Worte, um ihn zu bezeichnen. In jedem Fall
ist der Sinn von V. 7 eine Ermutigung. Philemon hat schon angefangen, und das
erfüllt Paulus mit Freude und Trost. V. 7 hat also dieselbe Funktion wie Phil. 1,6
und unterscheidet sich davon nur dadurch, daß im Gegensatz zu Phil. 1,7–8 die
näheren Umstände unklar bleiben. (Phil 1,7b ist nämlich an die Unterstützung
der Philipper gedacht Phil. 4,10–20, die Epaphroditus Phil. 2,25ff. überbracht
hat und die dem Gefangenen nützlich war, während sich über die gute Tat des
Philemon nichts ausmachen läßt.) Phlm. 7 gewinnt aber einen ganz anderen Stel-
lenwert als Phil. 1,6 dadurch, daß diese Ermutigung nur durch den Rückblick
ausgedrückt wird, also bei der Gegenwart stehen bleibt, und erst nach dem Ernst
der Fürbitte erfolgt. Während die Philipper in Anfechtung getröstet und ge-
stärkt werden müssen, bei dem zu bleiben, was sie schon längst als das Richtige
erkannt haben, bedarf Philemon einer starken Stütze bei der Bewährung seines
Glaubens in einer Situation, die für ihn noch ganz undurchsichtig ist. Im Blick
auf das V. 6 angedeutete Endgericht durch den kommenden Christus darf Philemon unbesorgt sein – *wenn* er nur weitergeht auf dem neuen Weg!
Mit der Danksagung bereitet Paulus sehr geschickt den Hauptteil des Briefes
vor. Es wäre aber sicher verfehlt, in V. 7 nur eine Geste zu sehen, mit der Paulus
sich den Adressaten geneigt machen will, damit seine Bitte um so bereitwilliger
erfüllt werde. Der Zusammenhang läßt vielmehr deutlich erkennen, daß es Paulus gar nicht nur darum geht, dem Sklaven Onesimus eine sichere Heimkehr zu
ermöglichen. Übergeordnetes Ziel des Schreibens ist vielmehr, Philemon zu der
Erkenntnis zu verhelfen, wie er angesichts der Rückkehr des entlaufenen Sklaven sein Christsein zu bewähren hat. Wie die Ausführungen im folgenden
Hauptteil zeigen, geht es dabei nicht um autoritative Anordnung, die Philemon
zu befolgen hat, sondern um eine durch Argumentation vermittelte Einsicht, aus
der Philemon dann freilich in freiem Entschluß die praktischen Konsequenzen
ziehen muß.

8–20   Der Hauptteil

**8 Darum – wiewohl ich in Christus viel Freimut hätte, dir zu gebieten, was sich
gebührt – 9 bitte ich doch lieber um der Liebe willen, – ein solcher seiend wie** (=
obwohl ich ein solcher bin, nämlich) **Paulus, ein Presbytes, nun aber sogar ein
Gefangener (um) Christi Jesu** (willen) **– 10 bitte ich dich für mein Kind, das ich
in meinen Fesseln gezeugt habe, Onesimus, 11 der dir früher unnütz war, jetzt
aber sowohl dir als auch mir sehr nützlich ist, 12 den ich dir** (hiermit) **sende, ihn,
das heißt mein eigenes Herz,
13 den ich bei mir behalten wollte, damit er mir an deiner Statt diente in den
Fesseln** (,die ich um) **des Evangeliums** (willen trage), **14 aber ohne deine Meinung** (,zu kennen,) **wollte ich nichts tun, damit deine Guttat nicht wie aus Zwang
geschehe sondern aus freien Stücken.
15 Denn vielleicht ist er deswegen** (durch Gott) (von dir) **getrennt gewesen eine
Zeitlang, damit du ihn auf ewig wiederhättest, 16 nicht mehr als einen Sklaven,
sondern als einen, der mehr ist als ein Sklave: ein geliebter Bruder, vorzüglich**

(schon) **für mich, wieviel mehr aber** (dann) **für dich, sowohl im Fleisch als auch im Herrn. 17 Wenn du mich nun für deinen Genossen hältst, so nimm ihn auf wie mich! 18 Wenn er dir aber einen Schaden zugefügt hat oder etwas schuldig ist,** (dann) **setze das mir auf die Rechnung! 19 Ich, Paulus, schreibe es mit eigener Hand: ich werde es bezahlen, – damit ich dir nicht sage** (= um dir nicht zu sagen)**, daß du sogar dich selbst mir noch dazu schuldig bist. 20 Ja, Bruder, ich möchte von dir gern einen Nutzen haben im Herrn. Erquicke mein Herz in Christus!**

Der Hauptteil des Briefes ist sprachlich so angeordnet, daß er auf V. 17 hinstrebt und dieser Satz das Schwergewicht erhält. Paulus beginnt V. 8 mit einer längeren Satzperiode, die man allenfalls nach V. 9a oder V. 9b unterteilen könnte. Durch die wörtliche Übersetzung soll deutlich werden, daß V. 9b entweder zu V. 8.9a oder aber zu V. 10ff. gezogen werden kann. Nur im Deutschen ist eine eindeutige Entscheidung nötig, weil V. 10 das Personalpronomen vorangestellt werden muß, wenn man hier einen neuen Satz beginnen läßt. Im Griechischen aber bleibt das in der Schwebe, und das Verb V. 10 («bitte ich») ist eine durch die Einschübe notwendig gewordene Wiederaufnahme desselben Wortes aus V. 9. Während V. 8f. das Besondere des Bittens (anstelle eines ebenso möglichen Gebietens) unterstreichen, bezeichnet V. 10 den «Gegenstand» der Bitte. Dieser wird in V. 11 wie auch in V. 12 und 13 in Relativsätzen näher charakterisiert. Auch V. 14 gehört wegen des sprachlichen und inhaltlichen Bezuges noch so eng zum Vorausgehenden, daß der Abschnitt V. 8–14 sich als ein einziger Satz darstellt. In ihm spricht Paulus von sich, seiner Vollmacht, auf die er freiwillig verzichtet, seiner Beziehung zu Onesimus und einem Wunsch, den er nur mit Rücksicht auf Philemon hintangestellt hat. Erst V. 15 setzt sprachlich neu ein mit einer Erwägung über den nur vordergründig bedauerlichen Anlaß des Briefes, die dann in V. 16 näher entfaltet wird. V. 17 endlich spricht als Folgerung aus dem bisher Gesagten die Bitte des Paulus aus. Alles seit V. 8 Gesagte wie auch schon die zielgerichtet formulierte Danksagung diente also nur der Vorbereitung dieser Bitte! V. 18–20 sichern die Bitte ab, indem V. 18f. Paulus die Haftung für die eventuell belastenden Reste aus der Vorgeschichte übernimmt und V. 20 unterstreicht, daß er jetzt wirklich etwas von Philemon erwartet.

V. 8 nimmt der Hauptteil das V. 7 Gemeinte mit einem lose anschließenden «darum» auf: Weil Philemon schon auf dem rechten Weg ist, kann Paulus es sich jetzt leisten, ihn zu bitten. Der mit «darum» anhebende Satz setzt sich in V. 10 fort. Doch noch bevor Paulus die Folgerung zieht, schiebt er sofort einen Nebengedanken ein, um seine Bitte abzusichern. In einem ersten Konzessivsatz V. 9 («obwohl ich ...») macht er deutlich, daß er nicht nur weiß, was sich (auch im vorliegenden Falle!) «gebührt», was also das einzig sachgemäße Verhalten angesichts der Herausforderung der neuen Situation ist, sondern daß er auch noch die apostolische Autorität in Anspruch nehmen könnte, dieses Verhalten einfach zu befehlen. Es leidet also für Paulus keinen Zweifel, daß es für Philemon nur eine eindeutige Konsequenz zu ziehen gibt. Aber er will diese nicht erzwingen. Freilich leistet er diesen Verzicht auf seine Autorität nicht, ohne sie zunächst ausdrücklich zur Geltung gebracht zu haben.

V. 9a zeigt, warum Paulus so vorgeht. Er bevorzugt es, «um der Liebe willen» zu bitten. Dabei bleibt hier offen, ob die Liebe der Grund oder der Zweck ist, ob Paulus also aus Liebe (etwa zu Philemon) auf Befehlen verzichtet oder aber deshalb, weil er mit seiner Bitte auf Liebe aus ist. Noch hat Paulus vom Inhalt seiner Bitte konkret nichts verlauten lassen, noch ist darum offen, ob sie nicht auch durch vielleicht sogar widerwilligen Gehorsam erfüllt werden kann. Echte Liebe aber kann nur in Freiheit erwachsen ohne jeden Zwang. Paulus will ja den Weg dafür ebnen, daß Philemon sich dem Onesimus unverkrampft in herzlicher Zuneigung zuwenden kann. Er stößt darum mit seiner Bitte in einen Bereich vor, in dem sich mit Befehlen nichts mehr ausrichten läßt und ein nicht völlig freiwilliges Tun nur größtes Unheil anrichten würde. (Offene Feindschaft ist ja immer noch ehrlicher und erträglicher als geheuchelte Liebe!) Paulus muß darum wirklich «um der Liebe willen» – im weitesten Sinn als Grund wie als Zweck verstanden – auf seine Befehlsgewalt verzichten.

Dennoch kehrt Paulus seine Autorität im folgenden Partizipialsatz **V. 9b** («ein solcher seiend wie Paulus ...»), der wiederum konzessiv zu verstehen ist («obwohl ich ein solcher bin, nämlich Paulus ...»), noch einmal hervor. Er könnte befehlen als Presbytes, noch viel mehr aber jetzt, wo seine Gefangenschaft um Christi Jesu willen seine Christuszugehörigkeit nachdrücklich unterstreicht. Übersetzt man «Presbytes» mit «alter Mann», würde Paulus damit ganz unvermittelt auf der menschlichen Ebene mit der Achtung argumentieren, die natürlicherweise dem Alter gebührt. Dazu paßt jedoch weder der erste Konzessivsatz V. 8, der von dem Freimut «in Christus» sprach, noch auch die steigernde Fortsetzung mit dem Hinweis auf die Gefangenschaft. In der griechischen Übersetzung des Alten Testaments wird nun aber gelegentlich Presbytes auch für «Gesandter» gebraucht. Diese Bedeutung ist auch hier vorzuziehen (vgl. 2. Kor. 5,20; Eph. 6,20). Paulus nimmt mit diesem Begriff zunächst nur das V. 8 bereits über seinen «Freimut in Christus» Gesagte auf, überbietet es dann aber mit dem Hinweis auf die jetzt noch dazugekommene Gefangenschaft um Christi Jesu willen. (Nach dem paulinischen Leidensverständnis, wie es sich insbesondere 2. Kor. 11,16ff. dokumentiert, ist es jedenfalls völlig ausgeschlossen, daß auch der Hinweis auf die Gefangenschaft menschlich rühren soll.) Obwohl Paulus auf seine besondere Autorität verzichten will und es aus sachlichen Gründen «um der Liebe willen» auch muß, schärft er sie mit den beiden parallelen Einschüben V. 8 und V. 9 nachdrücklich ein, ehe er endlich V. 10 zu bitten beginnt. Das muß kein Widerspruch sein. Wie die Fürbitte V. 6 zeigte, bedarf Philemon der Einsicht. Mit der Autorität kann Paulus ihn nötigen, aufzumerken und überhaupt erst einmal zu begreifen, worum es eigentlich geht. Da der Sklave im Hause seines Herrn jedenfalls noch nicht bekehrt wurde, sondern vielmehr – aus welchen Gründen auch immer – das Weite suchte, scheint in der Beziehung des Philemon zu seinen Hausgenossen nicht alles in Ordnung gewesen zu sein. Bedurfte es darum des Einsatzes aller Paulus zu Gebote stehenden Mittel, weil es galt, bei Philemon eine Denkblockade erst einmal aufzubrechen? Damit zwingt Paulus seinen Briefpartner, den entscheidenden Punkt überhaupt in den Blick zu bekommen. Zugleich freilich muß er «um der Liebe willen» bitten, weil der tatsächliche Vollzug des jetzt erforderten Guten nur freiwillig erfolgen kann. Die

Dialektik von Pochen auf Autorität und Autoritätsverzicht ist also sachlich begründet und durchzieht auch die ganze weitere Argumentation.
Nach den beiden parallel aufgebauten Einschüben setzt Paulus mit **V.10** zwar
endlich mit der Bitte an, aber er spricht sie doch nicht sofort aus; vielmehr bezeichnet er zunächst den, für den er bittet. Da die eigentliche Bitte erst V.17
formuliert wird, darf man hier weder übersetzen noch auch als «eigentlich gemeint» unterstellen, daß Paulus «um» Onesimus bittet (so Knox). Es ist lediglich
die Rede davon, daß Paulus jetzt «für» Onesimus bittet. Dessen Name wird jedoch nicht sofort genannt, sondern erst nach dem bildlichen Hinweis darauf, daß
Paulus ihn während seiner Gefangenschaft bekehrt hat (vgl. 1.Kor.4,15). Über
die näheren Umstände verlautet nichts. Hierin besteht ein auffallender Unterschied zum eingangs zitierten Brief des jüngeren Plinius an Sabinianus (s. o. Einleitung S.23), wo die Reue und der Sinneswandel des Missetäters eindrücklich
beschrieben werden. Paulus beschränkt sich demgegenüber **V.11** auf eine Aus-
deutung des Namens «Onesimus» mit bedeutungsvollen Umschreibungen. Der
Name Onesimus heißt «der Nützliche». Einst hat er diesem Namen im Hause
seines Herrn keine Ehre gemacht, jetzt aber entspricht er ihm ganz, und zwar sowohl für Philemon als auch für Paulus. Philemon wird hier an erster Stelle genannt, weil er in der Vergangenheit allein betroffen war. Außerdem aber wird
der Gegensatz zum Früheren dadurch nur um so deutlicher, daß Onesimus gerade auch für seinen Herrn annehmbar geworden ist. Doch nicht ohne Grund
spricht Paulus hier auch von sich. Er gebraucht nämlich für «nützlich» und «unnütz» nicht mehr Eigenschaftswörter vom selben Stamm wie dem des Namens
«Onesimus», sondern verwendet die Wörter «a-chrestos» und «eu-chrestos».
Da zur Zeit des Paulus alle e-Laute wie i ausgesprochen wurden, liegt der Bezug
zur Bekehrung des Onesimus auf der Hand: a-chrestos ist wie a-christos und eu-
chrestos wie eu-christos auszusprechen; Onesimus war einst im Gegensatz zur
Verheißung in seinem Namen nicht nur unnütz, sondern darüber hinaus auch
noch a-christlich, jetzt dagegen ist er gut-nützlich weil gut-christlich. Ob dabei
überhaupt noch an eine Änderung der rein menschlichen Qualitäten des Sklaven zu denken ist, erscheint zumindest fraglich. Paulus deutet dies jedenfalls
nicht ausdrücklich an, obwohl er doch z.B.Phil.2,19ff.durchaus auch sehr posi-
tiv über einen Mitarbeiter sprechen kann. So steht Philemon vor der Zumutung,
den entlaufenen Sklaven allein deshalb als Bruder anzuerkennen und als solchen
aufzunehmen, weil er inzwischen bekehrt wurde. Da Paulus darauf verzichtet,
neben der Bekehrung besondere Qualitäten des Onesimus zu rühmen, liegt die
Vermutung nahe, daß es entweder nichts zu rühmen gab oder aber, daß Paulus
nicht von dem allein entscheidenden Punkt ablenken wollte. In jedem Falle war
die Zumutung für Philemon gleich groß.
V.12 identifiziert Paulus sich mit dem Sklaven, der jetzt zurückgeschickt wird.
Der griechische Ausdruck, der hier mit «Herz» wiedergegeben wird, bezeichnet
eigentlich die Eingeweide und wird erst im übertragenen Sinn für den Sitz der
Gefühle gebraucht. Nach unserem Sprachgebrauch ist das Herz die sinngemäße
Entsprechung. Der Unterschied ist gleichwohl nicht unerheblich und durchaus
bedenkenswert. Es kann etwas «beherzt» getan werden, auch wenn sich dabei
der Magen verkrampft. Die Vorstellung, auf die Paulus hier wie auch V.7 und

V. 20 zurückgreift, zielt also auf eine Schicht im Menschen, die noch etwas tiefer liegt als das Herz, auf die der Wille noch weniger Einfluß hat. Ebensowenig wie die Identifizierung des Paulus mit Onesimus V. 11 etwas über etwaige menschliche Qualitäten des Onesimus aussagt, ebensowenig ist davon auch **V. 13f.** die Rede. Zwar sagt Paulus, daß er Onesimus gern bei sich behalten hätte, aber er nennt auch jetzt keine konkreten Vorzüge des Onesimus, die diesen besonders brauchbar erscheinen ließen, sondern spricht ganz unvermittelt von einer Pflicht des Philemon, ihm, dem gefangenen Apostel, zu Diensten zu stehen. Damit identifiziert er nun indirekt auch Philemon mit dem Sklaven, indem er dessen widerrechtliche Flucht als stellvertretenden Dienst für den zu Recht empörten Herrn und Eigentümer interpretiert! Das entspricht wieder der Zumutung von V. 10f., während die Identifizierung des Paulus mit dem Sklaven V. 12 dem Bitten um der Liebe willen zuzuordnen ist.

Freilich verzichtet Paulus **V. 14** auf den Dienst des Sklaven, weil er ja in der Tat nicht ganz aus freien Stücken gewährt wurde, betont aber zugleich, daß es ihm eben auf diese Freiwilligkeit ankäme. Der Ausdruck «Guttat» ist dabei sicher nicht nur auf die unfreiwillige Überlassung des Sklaven in der Vergangenheit zu beziehen, sondern hat auch die Zukunft im Blick. Daraus folgt nun aber nicht, daß Paulus den Sklaven zurückgesandt haben möchte, damit er ihm weiter zu Diensten sei. Paulus bittet V. 10 ja nicht um, sondern für Onesimus, und er hofft V. 22, Philemon demnächst besuchen zu können. Da erübrigt sich eine Rücksendung des Sklaven ohnehin. Der Begriff «Guttat» läßt in seiner Allgemeinheit vielmehr noch offen, worum es konkret geht, weist aber auf die im Duktus des Schreibens jetzt bald fällige Bitte an Philemon voraus.

Bedenkt man, daß Philemon überhaupt erst die Augen geöffnet werden müssen für das, was sich nach Meinung des Paulus jetzt «gebührt» (V. 8), ist deutlich, wie geschickt und zielstrebig Paulus vorgeht. Dabei ist der Gang der Argumentation sehr durchsichtig. Paulus spricht V. 8–12 von seiner Gegenwart: Er verzichtet V. 8f. auf seine Autorität, nicht ohne sie hervorzuheben und dadurch eben doch «stützend» ins Spiel zu bringen; er bittet V. 10f. für Onesimus, dessen Bekehrung herausgestellt wird, und er sendet V. 12 Onesimus jetzt an seinen Herrn zurück. Mit V. 13 aber blickt Paulus auf die Vergangenheit, wie sie sich für ihn darstellt, nämlich als stellvertretender Dienst des Onesimus für seinen Herrn. V. 14 begründet, warum Paulus diese Guttat nicht länger in Anspruch nehmen will. Mit keinem Wort ist davon die Rede, daß Paulus sich des fremden Eigentums nicht einfach bemächtigen durfte. Um so deutlicher wird hier, daß es Paulus um das freiwillige Tun des Philemon geht. Schon der griechische Begriff für «Meinung» macht das deutlich. Er bedeutet nicht nur die urteilende Meinung wie 1. Kor. 7,25.40; 2. Kor. 8,10, sondern auch die zustimmende Meinung, das Einverständnis. Phlm. 14b unterstreicht das nachdrücklich mit seiner Gegenüberstellung «nicht aus Zwang, sondern aus freiem Willen». Damit wendet sich der Blick von Paulus zu Philemon, auf dessen Tun es jetzt ankommt.

Aber immer noch zögert Paulus die eigentliche Bitte hinaus. Er schiebt **V. 15f.** erst noch ein Argument ein, das Philemon helfen soll, jetzt das Gebotene zu tun. Philemon ist zu Recht empört oder erzürnt über das Unrecht, das ihm zugefügt wurde. Paulus aber macht mit V. 15f. in Form einer Frage ein Angebot, wie Philemon die Vergangenheit auch sehen könnte. Dabei steckt in der passivischen Formulierung jüdischem Sprachgebrauch entsprechend ein Hinweis auf Gott als den eigentlichen Urheber. Das dürfte für Philemon überraschend gewesen sein. Paulus rechtet nicht darüber, wie es zu dem Konflikt zwischen Onesimus und Philemon gekommen sein mag; er wendet ihn lediglich zum Positiven. Bei Onesimus ist durch den Streit, die Entzweiung mit seinem Herrn, inzwischen etwas Wesentliches neu geworden; jetzt hat Philemon die Chancen, nicht nur seinen Zorn zu überwinden, sondern durch die rechte Sicht der Dinge in Onesimus den Bruder zu erkennen. Paulus tritt nicht mit einer Forderung an Philemon heran, sondern mit einer Deutung, die Philemon zu einer befreienden Einsicht verhelfen kann. Läßt er sich auf diese Deutung ein, vermag er in Onesimus den Bruder zu sehen. So bekommt er ihn «auf ewig» zurück, nicht einfach nur auf zeitlich unbegrenzte Dauer als Sklaven, sondern zugleich in einer neuen Dimension als Bruder. Angesichts dieser Möglichkeit verblaßt der frühere Streit, so ärgerlich er gewesen sein mag, zu einer Trennung «nur für eine (kleine) Weile», bzw. nur «für eine Stunde», wie es wörtlich übersetzt heißen müßte.

Erst nach diesem wohl entscheidenden Argument in V. 15f. spricht Paulus endlich in **V. 17** die eigentliche Bitte aus. Damit wendet sich der Blick von der Vergangenheit endgültig in die Zukunft und so auf das, was bei der Abfassung des Briefes noch aussteht. Wenn Philemon sich dem gefangenen Apostel verbunden weiß, soll er den Sklaven aufnehmen wie Paulus selbst. Wie schon bei der Anrede mit «Mitarbeiter» V. 2 enthält der einleitende Bedingungssatz Ehre und Verpflichtung zugleich. Paulus verwendet hier mit dem griechischen Begriff für «Genosse» ein Wort von demselben Stamm wie «Gemeinschaft» in V. 6. Damit wird deutlich, daß Paulus in dem einleitenden Bedingungssatz nicht an eine geschäftliche Partnerschaft denkt oder auch an nur freundschaftliche Beziehungen. Die «Genossenschaft», auf die hier Bezug genommen wird, ist vielmehr die Zugehörigkeit beider zu der einen Gemeinschaft des Glaubens an den Herrn Jesus Christus (vgl. V. 6). Zu ihr gehört jetzt auch Onesimus. Wie schon V. 12 identifiziert Paulus sich noch einmal ausdrücklich mit ihm. Wie der Aufbau des ganzen Schreibens erkennen läßt, ist es für Paulus von allergrößter Wichtigkeit, daß Philemon jetzt dazu befähigt wird, daraus die Konsequenzen zu ziehen.

V. 18 entlastet die Bitte von möglichen Einwänden. Was an Resten aus der Vergangenheit «überhängen» könnte, braucht die Erfüllung der Bitte nicht zu beeinträchtigen. Paulus übernimmt dafür die volle Haftung. Es muß offen bleiben, ob es sich bei dem Schaden, der neben dem Unrecht erwähnt wird, um den Verlust aus größeren Geldgeschäften, nur um den Schaden aus dem Entzug der Arbeitskraft des Sklaven oder gar um einen Diebstahl zur Ermöglichung der Flucht gehandelt hat. Letzteres ist wohl am wahrscheinlichsten. Jedenfalls stellt Paulus mit seiner Formulierung im Bedingungssatz die Schuld des Sklaven ebensowenig in Zweifel wie im vorangehenden «wenn»-Satz V. 17 seine Hochschätzung durch Philemon. In beiden Fällen wird aus dem als gegeben Angenommenen die Folgerung gezogen.

V. 19a sichert dies rechtlich ab durch eine eigenhändige und offizielle Schuldverschreibung des Apostels. Paulus bedient sich hier der juristischen Terminologie, wie sie aus erhaltenen Urkunden belegt ist. Es darf nicht unterstellt werden, daß Paulus zu einer Haftung gar nicht imstande war und darum diese Schuldverschreibung gar nicht ernst meinte. Wenn er den Philemonbrief aus derselben

Gefangenschaft wie den Philipperbrief schrieb, hatte er ja gerade erst kürzlich eine Unterstützung der Philipper erhalten (Phil. 1,7; 2,25; 4,10–20) und war nicht nur auf die Mittel aus seiner eigenen Hände Arbeit angewiesen (1. Thess. 2,9; 1. Kor. 4,12; 2. Kor. 11,7–10; 12,13 u.ö.). Erst V. 19b wird Philemon nachdrücklich nahegelegt, den Apostel nicht haftbar zu machen, weil er selbst seine ganze neue Existenz als Christ dem Heidenmissionar verdankt und somit in einer viel größeren Schuld bei Paulus steht. Daß Paulus daraus auch einen Erlaß der finanziellen Verpflichtung folgert, die er gerade eingegangen ist, zeigt einmal das Verb in V. 19, wonach Philemon sich Paulus «noch dazu schuldig» ist, zum anderen unterstreicht Paulus **V. 20** noch einmal ausdrücklich, daß er nun wirklich gern einen Nutzen hätte von Philemon – im Herrn. Das dürfte sich allerdings sowohl auf den Erlaß der Haftung als auch auf die erhoffte Aufnahme des Sklaven als Bruder beziehen. Mit diesem abschließenden Satz blickt Paulus auf den gesamten Inhalt des Hauptteils zurück. Mit dem Nachsatz «erquicke mein Herz in Christus» greift er dabei auf die V. 7 erwähnte Liebestat des Philemon an anderen Christen zurück und erbittet eine ähnliche jetzt für sich. Beide Bitten in V. 20 enden mit dem ausdrücklichen Hinweis auf den Herrn bzw. Christus. Was damit gemeint ist, kann man an Phil. 4,10–20, bes. V. 17 ablesen: Hier bedankt Paulus sich für die Unterstützung, die er von den Philippern bekommen hat; er unterstreicht jedoch, daß es ihm nicht so sehr auf den Nutzen ankommt, den er davon persönlich hat, daß er sich vielmehr freut, weil er in der Gabe eine Frucht des Glaubens der Philipper sieht. Im selben Sinne dürften die formelhaften Hinweise Phlm. 20 gemeint sein. Das unterstreicht noch einmal, wie sehr es hier darauf ankommt, daß der Glaube des Philemon sich bewährt, wie falsch es also wäre, die ganze Argumentation des Briefes vordergründig als eine bloße Fürsprache für Onesimus mißzuverstehen.

Paulus gebraucht den Begriff, der unserem deutschen «Herz» entspricht, zwar nur in Bezug auf die Mitchristen V. 7 und auf sich V. 12 und V. 20. Aber auch wenn es nicht ausdrücklich gesagt wird, zielt die ganze Argumentation doch auf die Gefühle des Philemon. Paulus tritt nicht mit einer Forderung an Philemon heran, sondern er argumentiert so, daß Philemon instandgesetzt wird, das jetzt Gebotene frei und willig zu tun. Es ist keine Liebe, wenn sich der Magen verkrampft. Zur Liebe kann man sich nicht zwingen. Welche Gefühle in Philemon hochkamen, als er den Sklaven Onesimus wiedersah, kann man bestenfalls erraten. Fest steht immerhin, daß Onesimus nicht Mitglied der Gemeinde im Hause des Philemon war. Auch wenn in Korinth (1. Kor. 7,21ff.) und in anderen Gemeinden (Gal. 3,28; Eph. 6,5; Kol. 3,22) Sklaven zur Gemeinde gehörten, so folgt daraus nicht zwingend, daß auch Philemon sich überhaupt darum bemüht hat, seinen Sklaven Onesimus für den christlichen Glauben zu gewinnen. Dennoch spricht alle Wahrscheinlichkeit eher dafür, daß Onesimus von sich aus vor der Flucht den Anschluß an die Hausgemeinde seines Herrn verweigert hat. Die Erwägungen über die Argumentation des Paulus in V. 10ff. zeigten überdies, daß Onesimus schwerlich eine Perle von einem dienstbaren Geist war. Die Argumentation des Paulus wird verständlich, wenn man unterstellt, daß in Philemon eine ganze Menge recht menschlicher Gefühle hochkamen, als er diesen Sklaven wiedersah. Zumindest dürfte Paulus dies aufgrund des Bildes, das Onesimus ihm von Philemon vermittelt hat, angenommen haben. Und in dieser Situation nimmt Paulus ihn nun gleichsam bei der Hand und «glaubt ihm vor», was zu tun ist. Er schlägt eine Schneise in das Dickicht der Gefühle, die die klare Sicht zu behindern drohen, und zeigt Philemon genau den Ort, wo sich sein Glaube jetzt zu bewähren hat. Zu dieser Einsicht kann er auch mit Gewalt genötigt werden, und dazu setzt Paulus einmal voll seine apostolische Autorität ein V. 8, zumal diese jetzt durch die Gefangenschaft noch besonders unterstrichen wird V. 1.9; ganz selbstverständlich unterstellt er, daß Philemon ihm zu Diensten zu sein V. 13 und auch finanziell entgegenzukommen hat V. 19. Zum anderen hebt er darum auch schon in der Danksagung V. 5 ganz betont die Liebe hervor und spricht in der Fürbitte V. 6 von der Notwendigkeit, daß der Glaube wirksam werde durch «Erkenntnis» des Guten. Wahrscheinlich ist der Hinweis «auf Christus hin» ein auch sonst üblicher Ausblick auf das Endgericht; er darf jedoch im vorliegenden Zusammenhang nicht als bloße Formel abgetan werden, sondern unterstreicht den Ernst der Lage. Auf der anderen Seite muß Paulus aber eben «um der Liebe willen» auf seine Autorität und jeden Zwang verzichten und bitten (V. 9.10.14.17.20), damit Philemon auch wirklich auf dem Weg folgt, den Paulus weist; darum identifiziert er sich mit Onesimus V. 12 und V. 17 und appelliert an die gemeinsame Verbundenheit im Glauben V. 19a. Paulus will, daß der Brief vor der versammelten Hausgemeinde verlesen wird. Durch diese Öffentlichkeit gewinnen beide Seiten der paulinischen Argumentation an Gewicht. Alles zusammen zeigt, wie wesentlich es Paulus darauf ankommt, daß Philemon jetzt die Bewährungsprobe für seinen Glauben besteht.

21–25   Der Briefschluß

21 Im Vertrauen auf deinen Gehorsam schreibe ich dir, wissend (= da / wobei ich weiß), daß du sogar noch mehr tun wirst, als ich sage. 22 Zugleich bereite mir auch Unterkunft vor; ich hoffe nämlich, daß ich euch durch eure Gebete werde geschenkt werden.
23 Es grüßt dich Epaphras, mein Mitgefangener in Christus Jesus, 24 Markus, Aristarchus, Demas, Lukas, meine Mitarbeiter. 25 Die Gnade des Herrn Jesus Christus sei mit eurem Geist.

Auch im Schlußteil setzt sich die dialektische Argumentation fort, die den Brief bereits bisher durchzog. Mit **V. 21** wird Philemon ebenso wie schon mit der ehrenden Anrede als «Mitarbeiter» V. 1b und der Gleichstellung mit dem Apostel V. 17a in die Pflicht genommen. Dabei bedeutet insbesondere das Zutrauen, daß Philemon noch mehr tun wird als Paulus bittet V. 21b, eine starke Ermutigung wie schon V. 7. Woran Paulus konkret denkt, läßt sich jedoch nicht ausmachen. Eine Aufforderung, den Sklaven freizulassen und zu Paulus zurückzusenden, sollte man daraus lieber nicht ableiten. Da Paulus hofft, bald selber zu Philemon kommen zu können V. 22, wäre eine sofortige Rückkehr des Sklaven unsinnig. Auch aus Kol. 4,7–9 läßt sich nicht folgern, daß Philemon den Sklaven freigelassen oder zumindest für Missionsaufgaben freigestellt hat. Der deuteropaulinische Kolosserbrief setzt ja die Situation der Gefangenschaft voraus, aus der auch der Philemonbrief geschrieben ist, wie insbesondere die Übereinstim-

mung der Grußlisten in beiden Briefen zeigt (s. o. Einleitung). Wird hier nun von
einer Reise des Onesimus geschrieben, so handelt es sich allenfalls um die aus
dem Philemonbrief zu folgernde Heimreise des Sklaven. Völlig verfehlt ist der
Schluß, Onesimus sei wegen Kol. 4,7 tatsächlich freigelassen worden und habe
dem Apostel später wieder zu Diensten gestanden. Aus Kol. 4,7–9 läßt sich also
nicht belegen, daß Philemon V. 21b als Aufforderung verstanden hat, Onesimus
nicht nur als Bruder aufzunehmen, sondern ihn auch freizulassen und dem Apostel wieder zur Verfügung zu stellen (gegen Stuhlmacher).

Die Besuchsankündigung **V. 22** hat ebenso den Doppelcharakter von Ehrung
und Verpflichtung. Paulus wollte nach der Gefangenschaft in Ephesus
(vgl. 1. Kor. 15,32; 2. Kor. 1,8) zunächst noch bis Pfingsten in Ephesus wirken,
wo sich ihm gute Wirkungsmöglichkeit bot (1. Kor. 16,8f.), um danach über Mazedonien nach Korinth zu reisen (1. Kor. 16,5). Ein Abstecher nach Kolossä und
Umgebung lag also nicht unbedingt auf dem Weg, den Paulus ohnehin nehmen
wollte. Ein Besuch des Apostels bedeutete demnach eine ganz besondere Aus-
zeichnung. Zugleich bedeutete er eine besonders starke Verpflichtung, bot er
doch dem Apostel die Möglichkeit festzustellen, wie weit das in Philemon ge-
setzte Vertrauen gerechtfertigt war!

Paulus schreibt den Philemonbrief etwa zur selben Zeit wie den Philipperbrief
(s. o. Einleitung S. 15f.) in einer Situation, in der eine Freilassung aus der Gefangenschaft in naher Zukunft durchaus möglich war. Daß es tatsächlich zur Aus-
führung der Reise nach Kolossä gekommen ist, erscheint freilich aus zwei Gründen zweifelhaft. Einmal ist Paulus kurz nach seiner Freilassung aus der Haft in
schwierige Auseinandersetzungen mit den Korinthern verwickelt worden und
mußte dabei seine Pläne mehrfach ändern (vgl. u. a. 1. Kor. 16,5f. mit 2. Kor.
1,15f. und 2. Kor. 2,1; 12,14; 13,1; – hierzu vgl. Suhl, S. 202ff.). Zum anderen
setzt auch der nicht von Paulus verfaßte Kol. 2,1 ausdrücklich voraus, daß Paulus nicht in Kolossä gewesen ist.

V. 23f. fügt Paulus Grüße seines Mitgefangenen Epaphras sowie seiner Mitarbeiter an. Epaphras ist nach Kol. 1,7; 4,12 der Begründer der dortigen Gemeinde.
Markus wird auch Apg. 12,12.25; 13,13; 15,37–39; Kol. 4,10 und 2. Tim. 4,11
als Mitarbeiter des Paulus erwähnt. Aristarch stammte nach Apg. 19,29; 27,2
aus Mazedonien und begleitete Paulus auf der letzten Reise nach Jerusalem
Apg. 20,4 sowie bei der Überführung des Gefangenen nach Rom Apg. 27,2. Demas wird ebenso wie Lukas noch in den deuteropaulinischen Briefen Kol. 4,14
genannt und 2. Tim. 4,10 als Abtrünniger bezeichnet, während 2. Tim. 4,11 die
Treue des Lukas hervorhebt, der allein bei dem gefangenen Apostel geblieben
ist.

Auffallend ist, daß die Grüße nur an Philemon, nicht aber an alle Adressaten ge-
richtet werden. Auch das unterstreicht, daß Philemon die Hauptperson ist. Die
Grüßenden treten, auch ohne daß es ausdrücklich gesagt wird, zusammen mit
Paulus als Bittsteller vor Philemon und verleihen dem Anliegen des Apostels
Nachdruck. Philemon steht mit seiner Reaktion nicht nur im hellen Rampenlicht
der Öffentlichkeit seiner Hausgemeinde; die Öffentlichkeit, die auf Seiten des
Philemon durch die in der Adresse Mitgenannten hergestellt wird, ist auf Seiten
des Paulus als dem Absender schon gegeben. Philemon kann sich also nicht mehr
verstecken. Es ist in der Gemeinde bereits bekannt, worum es jetzt bei ihm geht.

Der Segenswunsch besiegelt die Echtheit des Schreibens (s. o. Einleitung). Im Unterschied zu den Grüßen gilt er der ganzen Gemeinde. Wie in Gal. 6,18 und Phil. 4,23 lautet er jedoch nicht einfach «die Gnade unseres Herrn Jesus Christus sei mit euch», sondern «... sei mit eurem Geiste». Sachlich bedeutet das keinen Unterschied; es wird jedoch dem jüdischen Menschenbild entsprechend besonders auf den Willen, das Empfindungsvermögen und auch die Einsicht abgehoben. Die Gnade des Herrn Jesus Christus wird in umfassender Weise zugesprochen. Nur im Bereich dieser Gnade kann so gelebt werden, wie es der Brief Philemon nahezulegen sucht.

Nachwort

Wer der Empfehlung des Vorwortes gefolgt ist, wird seine eigene Geschichte mit dem Philemonbrief erlebt haben. Vermutlich war sie sehr wechselvoll, wie ich es oft in Seminaren erlebt habe. Der Apostel kommt dem Leser menschlich nahe, der sich den Fragestellungen öffnet, zu welchen der vorliegende Kommentar anregen wollte. Zugleich kann es erschrecken, wie «menschlich» Paulus vorzugehen wagt. Was für den einen Leser beglückend erscheinen mag, ist für den anderen vielleicht eher verwirrend und weckt Zweifel an der Berechtigung, den Brief so auszulegen, wie es hier geschah.

Viel Erfahrung im Umgang mit den Philemonbrief hat mich gelehrt, daß man diesen Brief erst dann verstanden hat, wenn man sich eine ganze Weile geärgert hat über die Art, wie Paulus hier vorgeht. Sie grenzt in der Tat an Erpressung. Nur wenn man das sieht, kann man auch die andere Seite würdigen, daß Paulus eben nicht befiehlt, sondern «um der Liebe willen» bittet. Er schreibt Philemon nicht, was dieser tun soll, sondern er schreibt ihm so, daß er es kann. Daß Paulus dabei so gewagt vorgehen muß, liegt einfach daran, daß er für Philemon das Undenkbare vor-denkt und vor-glaubt.

Ein flüchtiger Sklave wurde von seinem Herrn nach damaligem Recht und Brauch schwer bestraft. Im einzelnen gab es folgende Möglichkeiten: 1. die Prügelstrafe, bei der ein Sklave gelegentlich auch zu Tode kam, ohne daß sein Herr deswegen strafrechtlich belangt wurde, 2. die Fesselung, also das Anschmieden von Eisenketten an Händen und Füßen, meistens verbunden mit einer sicheren Verwahrung, 3. die Brandmarkung (meistens auf der Stirn), die sich im Unterschied zur Fesselung nur schwer (durch eine Operation) rückgängig machen ließ und auch bleibende rechtliche Folgen hatte, 4. in Extremfällen die Kreuzigung.

Philemon lebte in einer Umwelt, in der die Unmenschlichkeit gegenüber Sklaven so selbstverständlich anerkannt war, daß die Institution der Sklaverei nie grundsätzlich in Frage gestellt wurde. Sogar in der christlichen Gemeinde bedurfte es noch gelegentlicher ausdrücklicher Hinweise, daß die Sklaven gerecht und menschlich (Eph. 6,9; Kol. 4,1) zu behandeln seien. Gewiß sind sehr oft die Sklaven eines Hauses zusammen mit ihren Herren zum neuen Glauben übergegangen (Gülzow); und dennoch werden auch hier die Rangunterschiede eingeschärft (2. Tim. 6,2; Tit. 2,9f.). Demnach bedeutete es insgesamt gesehen schon eine starke Zumutung für Philemon, in dem heimkehrenden Sklaven Onesimus den christlichen Bruder zu sehen, dem nicht mit den rechtlich zulässigen Strafmaßnahmen (auch zur Abschreckung!), sondern mit Liebe zu begegnen war.

Auch Paulus tastet dabei die Institution der Sklaverei nicht an; dazu war in seiner Generation angesichts der Naherwartung des Endes der Welt (vgl. 1. Thess. 4,13ff; Phil. 3,19f.; 1. Kor. 15,51f.) kein Anlaß. Aber er trägt dafür Sorge, daß die unmenschliche Ordnung gleichsam von innen gesprengt wird durch die Liebe.

Welch ein seelsorgerliches Meisterstück Paulus mit dem vorliegenden Brief gelingt, wird der am ehesten ermessen, der einmal versucht, einen zu Recht empörten Menschen davon zu überzeugen, daß der Streit, in dem ihm vordergründig eindeutig Unrecht widerfuhr, für ihn die Chance bedeutet, in dem anderen den Bruder zu sehen. Wir sind es gewohnt, Konflikte zwischen Partnern als bedauerliche Betriebspannen anzusehen. Wir sind darum viel zu leichtfertig bereit, jeden Streit unter einem Mantel (scheinbar!) christlicher Liebe zu ersticken. Am Philemonbrief läßt sich lernen, daß ein Streit auch eine fruchtbare (und von Gott gewollte) Herausforderung sein kann, die Rechte derer, die uns Unrecht tun, überhaupt erst einmal wahrzunehmen und ihnen durch die konkrete Tat zu entsprechen. Dann müssen wir uns freilich ändern, auch wenn wir noch so sehr im Recht sind.

Zitierte Literatur

Bartchy, S. S.: Mallon Chresai. First-Century Slavery and the Interpretation of 1 Corinthians 7:21. Missoula 1973.

Goodenough, E. R.: Paul and Onesimus. HThR 22 (1929) S. 181–183.

Gülzow, H.: Christentum und Sklaverei in den ersten drei Jahrhunderten. Bonn 1969.

Knox, J.: Philemon among the Letters of Paul. London 1960.

Köster, H.: Einführung in das Neue Testament im Rahmen der Religionsgeschichte und Kulturgeschichte der hellenistischen und römischen Zeit. Berlin-New York 1980.

Lohmeyer, E.: Die Briefe an die Philipper, an die Kolosser und an Philemon. 11. Aufl. Göttingen 1956.

Stuhlmacher, P.: Der Brief an Philemon. Neukirchen-Vluyn 1975.

Suhl, A.: Paulus und seine Briefe. Ein Beitrag zur paulinischen Chronologie. Gütersloh 1975.

Zürcher Bibelkommentare

Die «Zürcher Bibelkommentare» gibt es seit 1960. Die Reihe ist die Fortführung der 1942 gegründeten Kommentarreihe «Prophezey». Sie wird herausgegeben von den Professoren Georg Fohrer, Hans Heinrich Schmid und Siegfried Schulz. Die Reihe kann subskribiert werden, und zwar nach dem Alten und Neuen Testament getrennt. Der Subskribent spart rund 10 % gegenüber dem Einzelverkaufspreis.

Zum Alten Testament sind lieferbar:

Walther Zimmerli, Das erste Buch Mose (Urgeschichte)
Walther Zimmerli, Das erste Buch Mose (Abraham)
Fritz Stolz, Das 1. und 2. Buch Samuel
Franz Hesse, Hiob
Georg Fohrer, Jesaja 1–23, Band 1
Georg Fohrer, Jesaja 24–39, Band 2
Georg Fohrer, Jesaja 40–66, Band 3
Robert Brunner, Ezechiel 1–24, Band 1
Robert Brunner, Ezechiel 24–48, Band 2

Weitere Bücher zum Alten Testament sind in Vorbereitung. Ihre Autoren: Hans-Jochen Boecker, Othmar Keel, J.C.H.Lebram, G.Ch.Macholz, Albert de Pury, Martin Rose, Erich Zenger.

Zum Neuen Testament sind lieferbar:

Walter Schmithals, Das Evangelium nach Lukas
Dieter Lührmann, Der Brief an die Galater
Gerhard Barth, Der Brief an die Philipper
Willi Marxsen, Der erste Brief an die Thessalonicher
Willi Marxsen, Der zweite Brief an die Thessalonicher
Victor Hasler, Die Briefe an Timotheus und Titus
Alfred Suhl, Der Brief an Philemon
Eduard Schweizer, Der erste Brief an Petrus
Gerd Schunack, Die Briefe des Johannes
Charles Brütsch, Die Offenbarung des Johannes (3 Bände)

Weitere Bücher zum Neuen Testament sind in Vorbereitung. Ihre Autoren: Klaus Berger, Egon Brandenburger, Hans Dieter Betz, Helmut Köster, Andreas Lindemann, Ulrich Luck, Otto Merk, Martin Rese, Jürgen Roloff, August Strobel.

Zürcher Bibelkonkordanz

Das vollständige Wort-, Namen- und Zahlenverzeichnis zur Zürcher Bibel einschließlich der Apokryphen. Das umfassendste deutschsprachige Stellennachschlagewerk für biblische Begriffe und Realien, das je erschien.
«Wenn die Bezeichnung ‹unentbehrlich› auf ein Werk zutreffen kann, dann auf dieses. Theologen und bibelkundige Laien werden die Zürcher Bibelkonkordanz für die wissenschaftliche Erarbeitung, für das Studium und die Auslegung des Bibelwortes nicht mehr missen wollen.»

3 Bände, zusammen 2436 Seiten. Wird nur komplett abgegeben. In gleicher Ausstattung ist zusätzlich die «Zürcher Bibel» erhältlich.

Pressestimmen

Zum Kommentarwerk

Wer aber einen Bibelkommentar sucht, der zwar die Heilige Schrift als «Wort Gottes» an die Menschen versteht, zugleich aber auch als menschliches Wort, als literarisches Erzeugnis aus menschlichem Geist und aus der Mentalität einer Epoche, der wird sich vielleicht lieber an Auslegungen halten, die das Theologische mit dem Historisch-Kritischen verbinden. Ein Beispiel dafür sind die Zürcher Bibelkommentare. (Aus: Zeitschrift Lebendige Seelsorge)

Walter Schmithals: Das Evangelium nach Lukas

Ziel der «Zürcher Bibelkommentare» ist es, unter Berücksichtigung neuer Forschungsergebnisse den biblischen Text so zu erhellen, daß sowohl die zeitgeschichtlichen Zusammenhänge ihrer Entstehung wie auch ihre Bedeutung für Leben und Glauben in unserer Zeit anschaulich werden. Das ist in diesem neuesten Band ganz besonders gut gelungen. – W. Schmithals erdrückt den Leser nicht mit Fachwissen, verwirrt ihn nicht mit Gelehrtenjargon, sondern arbeitet – fast wie ein Bildhauer aus seinem Stein – aus dem Text heraus, was daran das Wesentliche, das Besondere, das Wegweisende ist. (H. H. Brunner im Kirchenboten des Kantons Zürich)

Gerhard Barth: Der Brief an die Philipper

Dieser Kommentar geht streng nach der historisch-kritischen Methode vor, zeugt von breiter Literaturkenntnis und -verarbeitung, ist als wissenschaftlicher Kommentar anzusprechen, bemüht sich aber um Allgemeinverständlichkeit. So werden Sprachkenntnisse nicht vorausgesetzt, auch keine Literaturkenntnisse, die Anmerkungen sind verschwindend gering (nur neun!), die Sprache ist knapp, aber verständlich. B. gibt viel historische und philologische Information, so daß dieser Kommentar sich gut für eine schnelle Vorbereitung auf Predigt oder Unterricht eignet, sofern man nur exegetische Information benötigt. Er ist so allgemeinverständlich, daß man ihn als Hilfsmittel für die Bibelstunde und den Sek-II-Unterricht bereitstellen sollte. (Aus: Homiletische Monatshefte)

Willi Marxsen: Der erste Brief an die Thessalonicher

Man merkt, er ist durch die Arbeit wirklich hindurchgegangen und kann es am Ende nun recht einfach sagen. Also wieder ein Kommentar für die schnelle Vorbereitung, für die Gemeinde, für den Laien. Für die Gemeindearbeit ist er besonders gut geeignet, weil er methodisch Einübung in die Exegese vermitteln will. Deshalb die umfangreiche Hinführung zur Auslegung, deshalb dann auch die in der Exegese so folgerichtigen, langsamen Schritte. Kurz: ein besonderer Kommentar. (Aus: Homiletische Monatshefte)

Walther Zimmerli: 1. Mose 12–25 (Abraham)

Das ist ein Buch, das man für die praktische Arbeit in der Gemeinde, im Unterricht, in der Erwachsenenbildung usw. jedem mit bestem Gewissen in die Hand geben kann. (Aus: Kirchenblatt für die reformierte Schweiz)